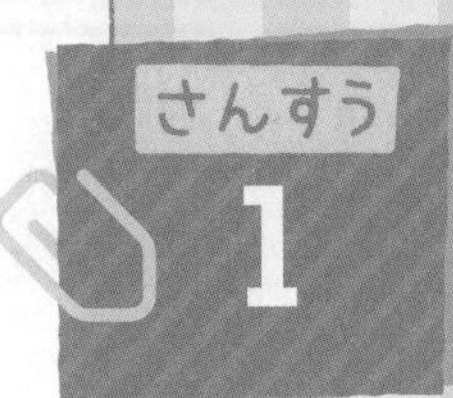

5までの　かず

1年　　くみ

こたえ→153ページ　　月　　日

じかん 15ふん　ごうかく 80てん　とくてん　てん

1 えの　かずだけ　○に　いろを　ぬり，□に　かずを　かきましょう。(50てん) 1つ10

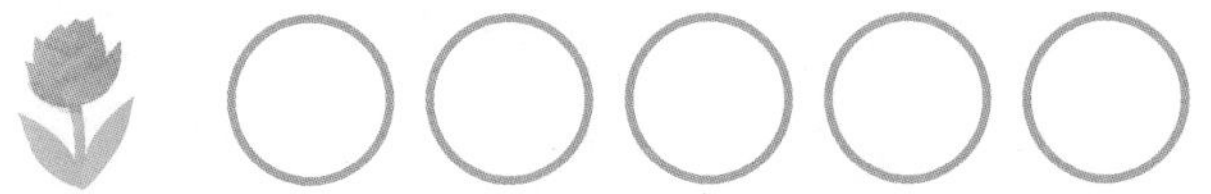

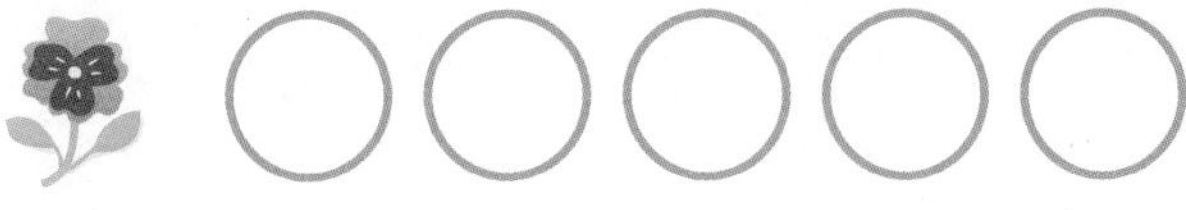

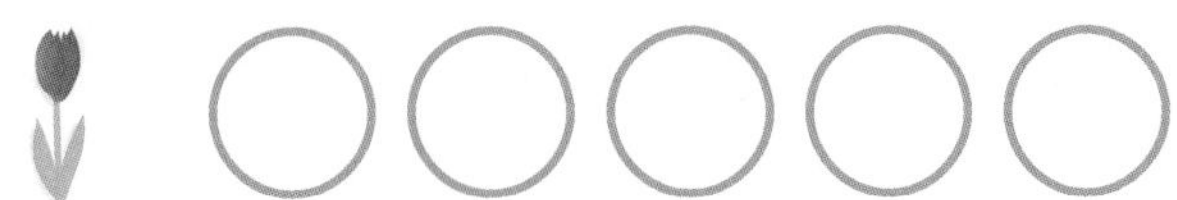

2 おおい　ほうに　○を　つけましょう。

(30てん) 1つ10

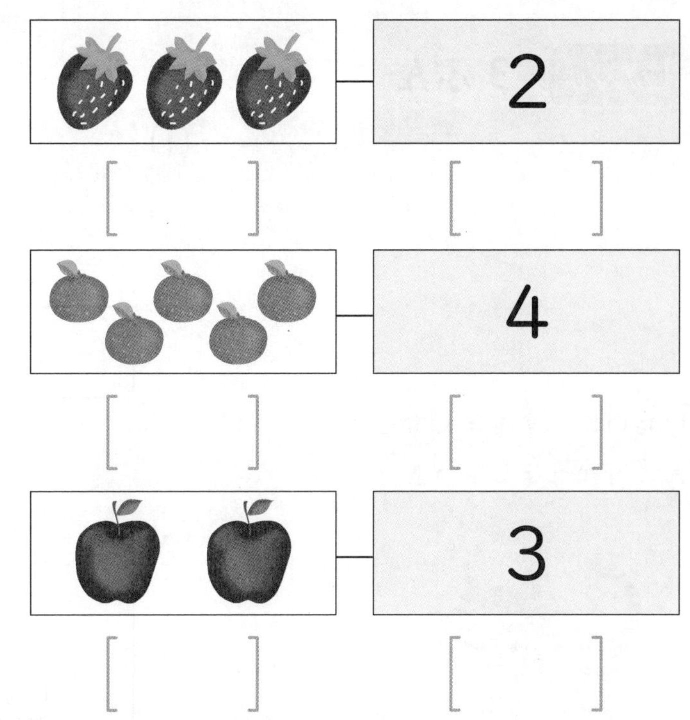

3 おおきい　ほうに　○を　つけましょう。

(20てん) 1つ10

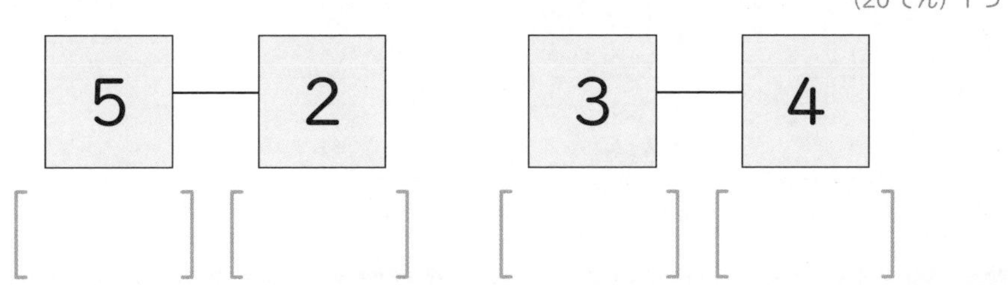

かたちづくり（つなぐ）①

こたえ→153ページ

月　　日

もんだい　ひだりの　かたちと　おなじ　かたちを　かきましょう。

目ひょうじかん　3ぷん

(1)

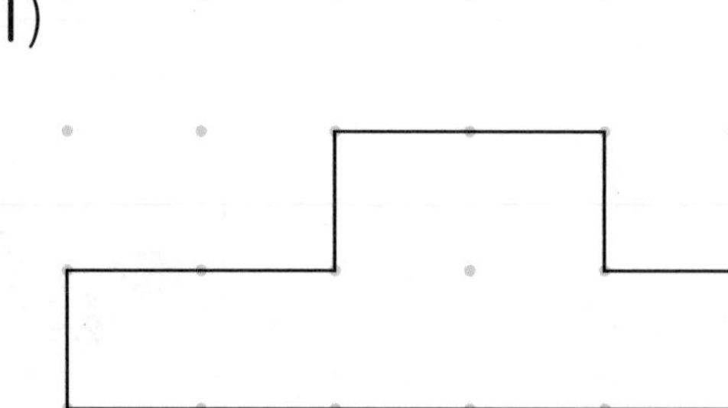

ていねいに　まっすぐな
せんで　かきましょう。

(2)

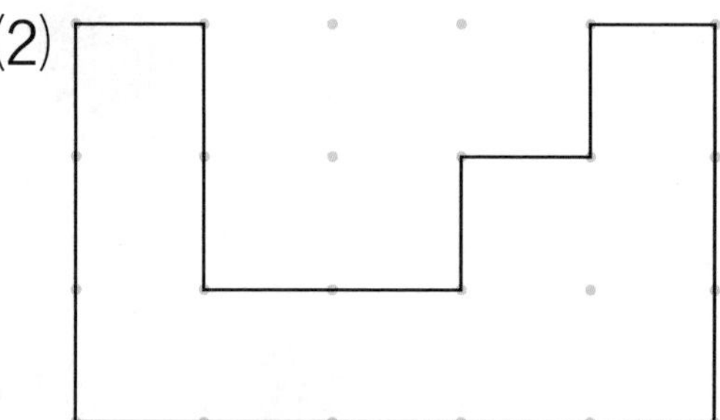

10までの　かず

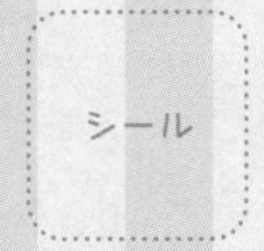

なまえ　1 年　　くみ

1 えの　かずだけ　○に　いろを　ぬり，□に　かずを　かきましょう。(50てん) 1つ10

2 おおい　ほうに　○を　つけましょう。(30てん) 1つ10

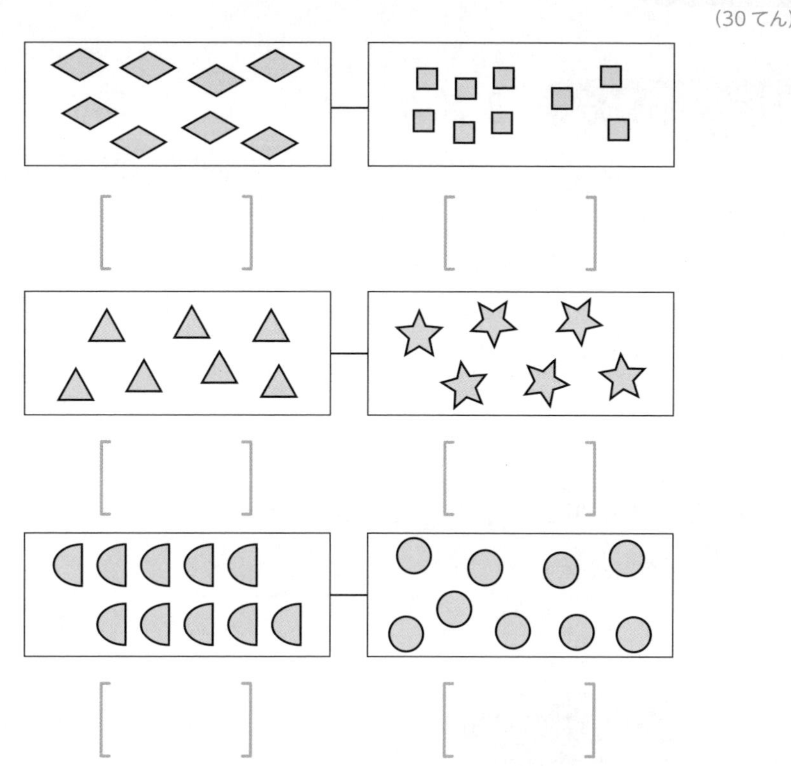

3 おおきい　ほうに　○を　つけましょう。(20てん) 1つ10

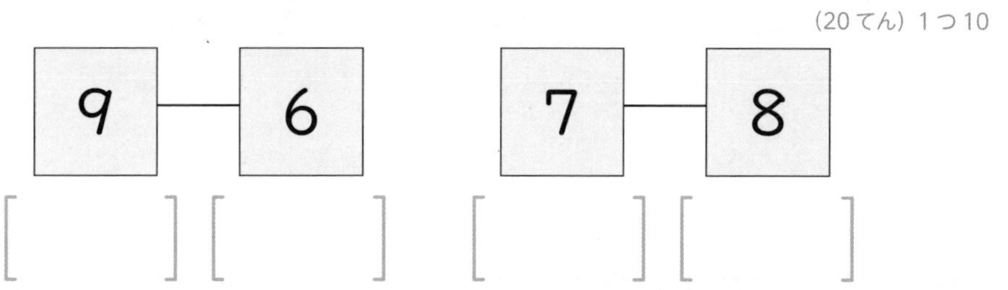

しこう力（りょく） トレーニング　さんすう②

どれと どれが おなじ ①

こたえ→153 ページ　月　日

もんだい　[ ]の なかと おなじ ものを みつけて，○を つけましょう。

目ひょうじかん　３ぷん

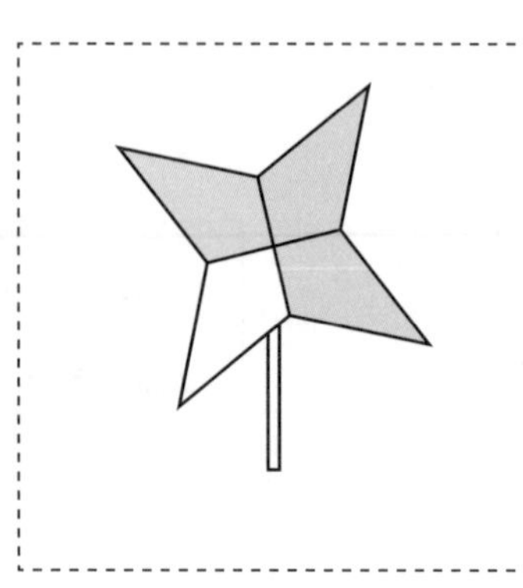

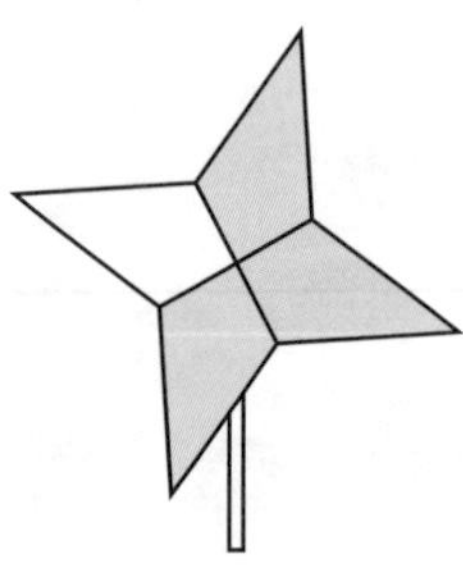

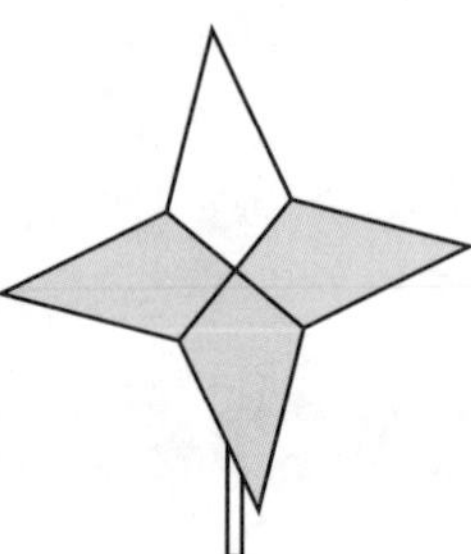

みぎや ひだりに まわして みると みつけやすいよ。

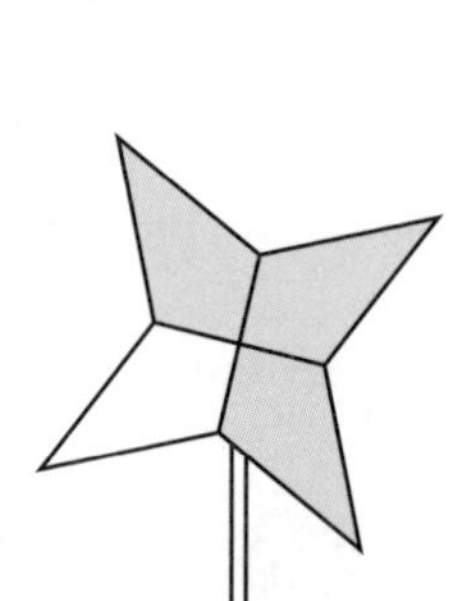

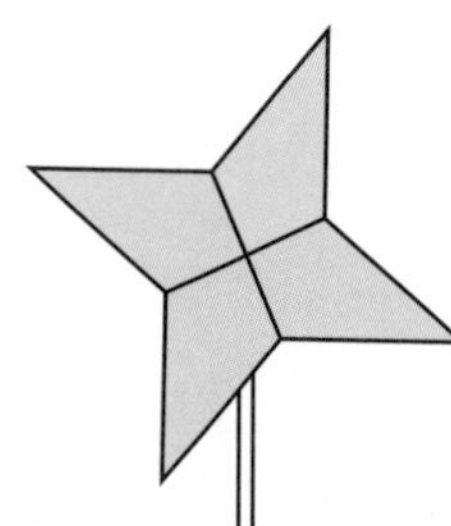

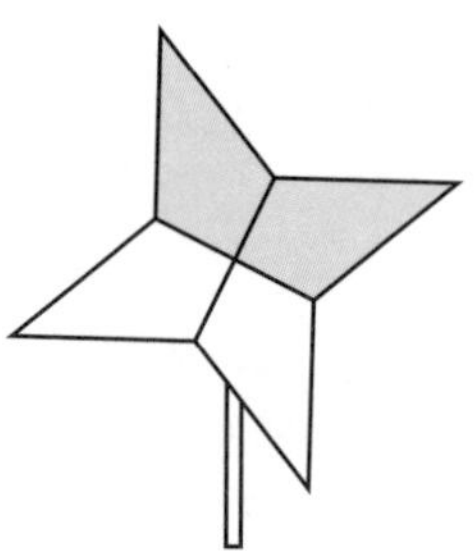

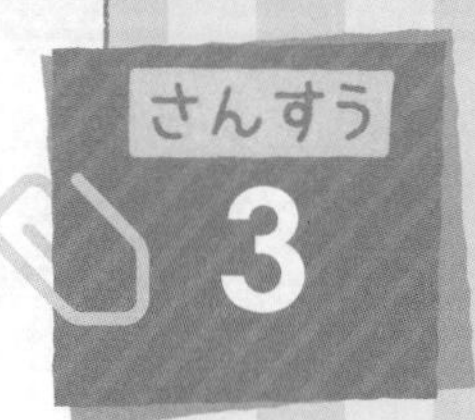

なんばんめ

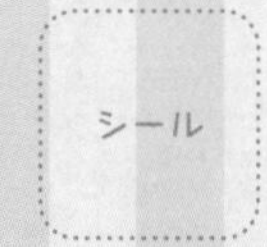

なまえ　1 年　くみ

こたえ→153 ページ　月　日

1 □に　あてはまる　かずを　かきましょう。

(50てん) 1つ10

ひだり　　みぎ

(1) は　ひだりから　□　ばんめです。

(2) は　みぎから　□　ばんめです。

(3) は　ひだりから　□　ばんめで,

みぎから　□　ばんめです。

(4) みぎから　4ばんめの　どうぶつに　○を　つけましょう。

2 ○で　かこみましょう。 (30てん) 1つ10

(1) まえから　ふたりめ

まえ　　うしろ

(2) うしろから　4にん

まえ　　うしろ

(3) うしろから　3にんめ

まえ　　うしろ

3 えを　みて，えの　なかに　かきましょう。 (20てん) 1つ10

(1) うえから　3だんめに　○を　つけましょう。

(2) したから　2だんめに　×を　つけましょう。

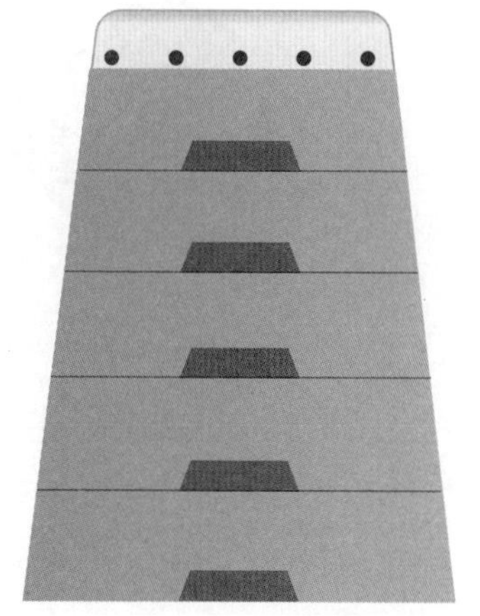

こたえ→153 ページ　月　日

つみきの　かず ①

もんだい　つみきの　かずを　かぞえましょう。

目ひょうじかん　３ぷん

つみきの　むきも かえて　かんがえて みましょう。

(1)

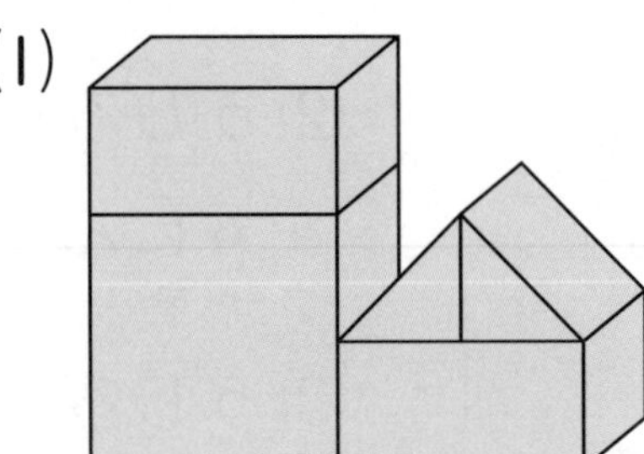

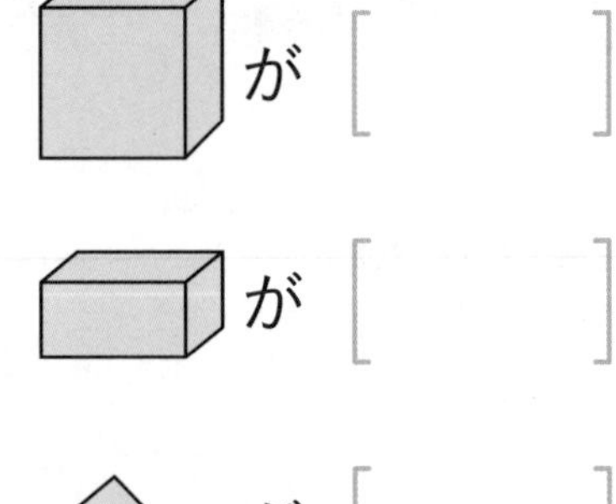

が［　　］つ

が［　　］つ

が［　　］つ

(2)

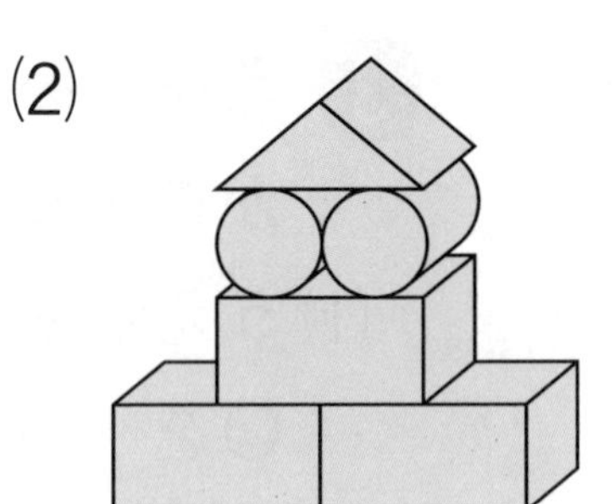

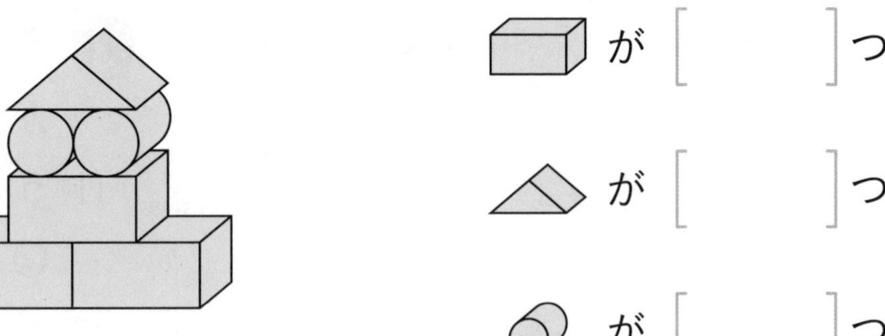

が［　　］つ

が［　　］つ

が［　　］つ

いくつと いくつ

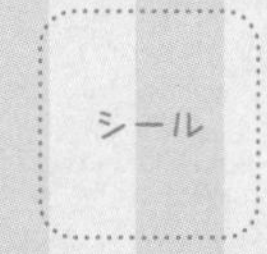

なまえ　1 年　くみ

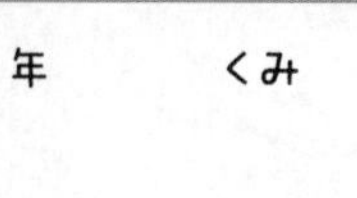

月　日

じかん 15 ふん　ごうかく 80 てん　とくてん　てん

1 7つ おはじきを もって います。ひだりて には いくつ もって いますか。(20 てん) 1つ 10

(1)

[　　] つ

(2)

[　　] つ

2 □に あてはまる かずを かきましょう。

(50 てん) 1つ 10

(1) 1と 3で □

(2) 2と 4で □

(3) 9は □ と 5

(4) 10 は □ と 1

(5) 8は 3と □

3 10 に なるように，ひだりの かずと みぎ の かずを —— で つなぎましょう。

(30 てん) 1つ 5

9 ・	・ 1
7 ・	・ 5
5 ・	・ 3
4 ・	・ 8
2 ・	・ 6
6 ・	・ 4

さんすう　せいかつ　こくご　こたえ

てんしゃ ①

こたえ→154ページ 月 日

もんだい ひだりの ずと みぎの ずが おなじに なるように，ますの なかに △を かきこみましょう。

目ひょうじかん 3ぷん

	△				
△					
	△				△
			△		
△			△		

→

『パズル道場（トレーニングⅠ）』（受験研究社）

たしざん ①

なまえ　1 年　くみ

1 ふえると　いくつですか。(24 てん) 1 つ 8

(1) 

2 ひき　くると,

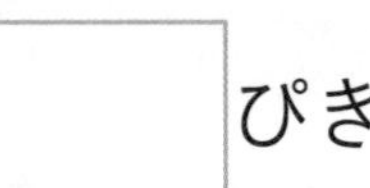

□ ぴき

(2) 

3 びき　くると,

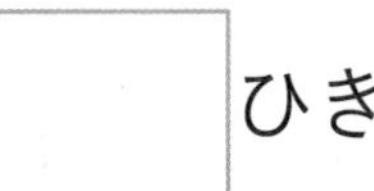

□ ひき

(3) 

4 わ　くると,

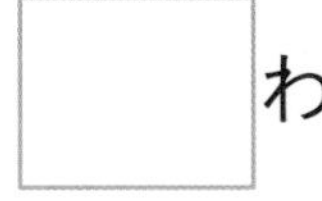

□ わ

2 □に　かずを　かきましょう。(16 てん) 1 つ 8

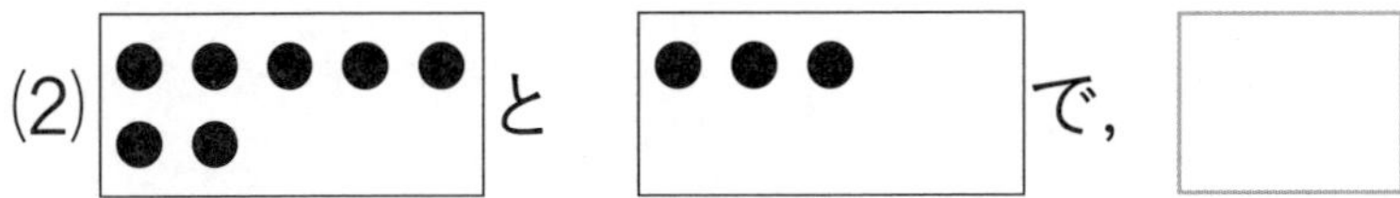

(1) ●●●●● と ●●●● で, □

(2) ●●●●●●● と ●●● で, □

3 あわせると　いくつですか。□に　かずを　かきましょう。(24 てん) 1 つ 12

(1) 

$3+\square=\square$

(2) 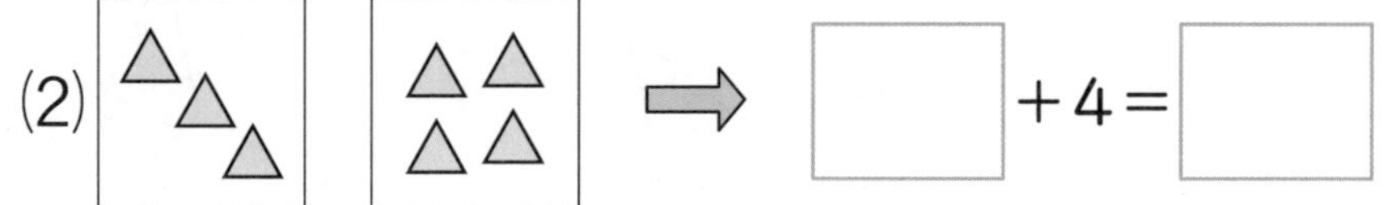

$\square+4=\square$

4 +, =を　つかって　しきを　かきましょう。

(36 てん) 1 つ 12

(1) 4 と　6 を　あわせると　10 です。

[　　　　　　]

(2) 3 に　5 が　ふえると　8 です。

[　　　　　　]

(3) 2 と　7 で　9 です。

[　　　　　　]

こたえ→154ページ

月　日

どれと　どれが　おなじ ②

もんだい　□の　なかと　おなじ　ものを　みつけて，○を　つけましょう。

目ひょうじかん　3ぷん

(1)

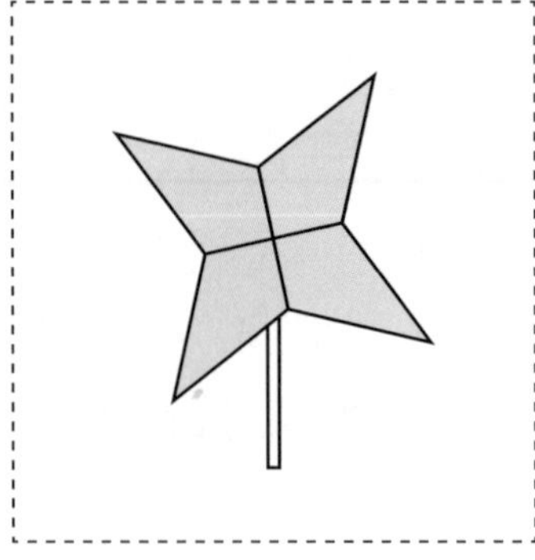

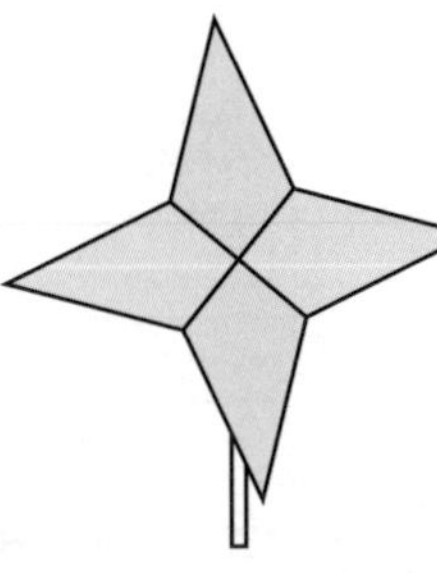

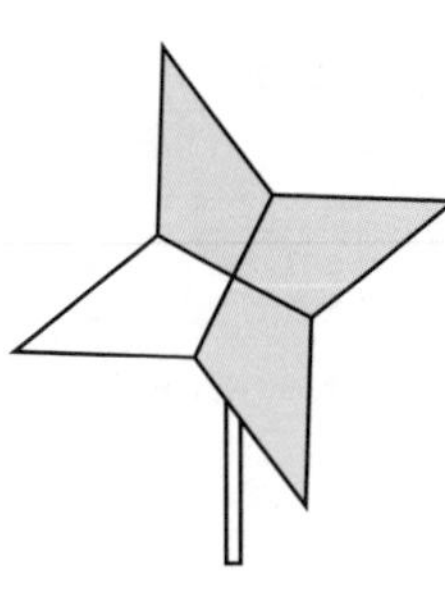

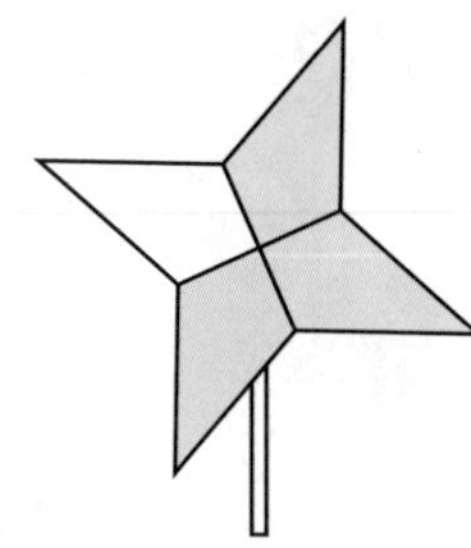

[　　] [　　] [　　] [　　]

(2)

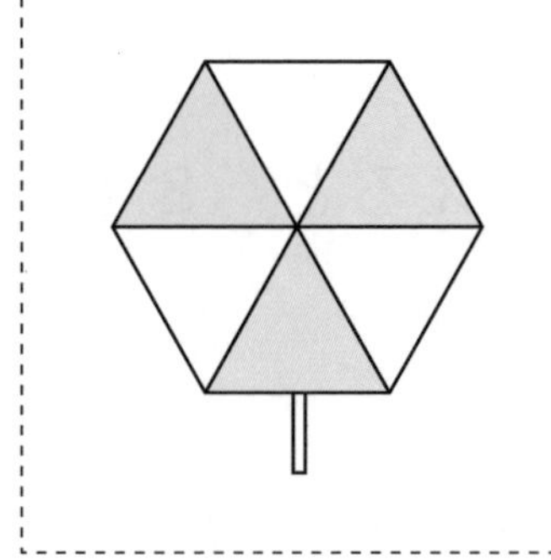

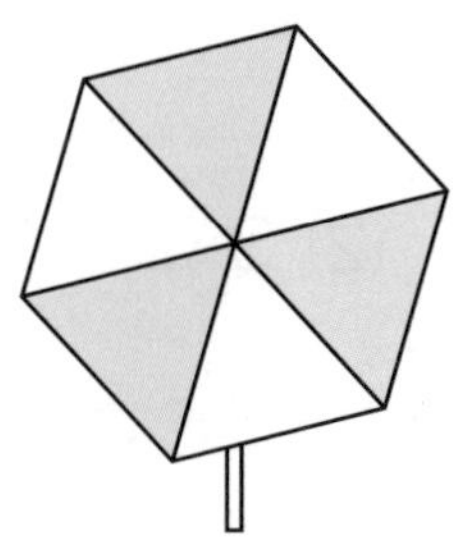

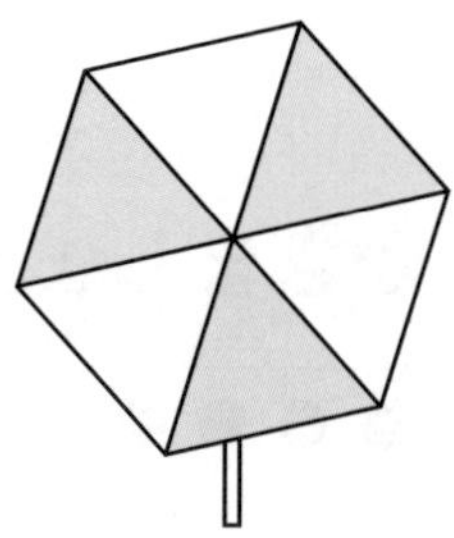

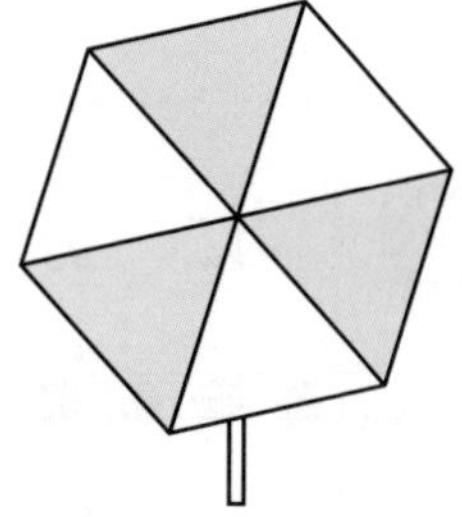

[　　] [　　] [　　] [　　]

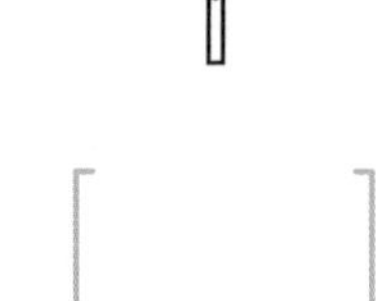

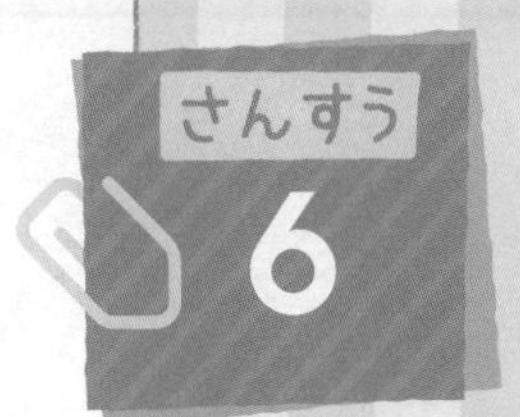

たしざん ②

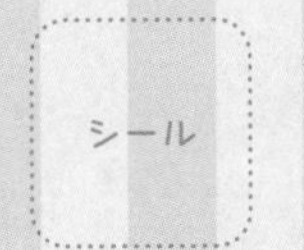

なまえ　1 年　くみ

1 **ふえると　いくつですか。** (24 てん) 1 つ 8

(1)  5 わ　くると,  わ

(2) 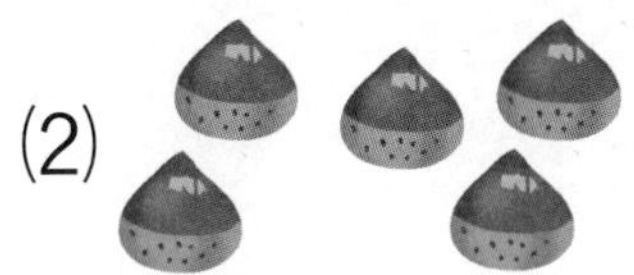 4 こ　もらうと, 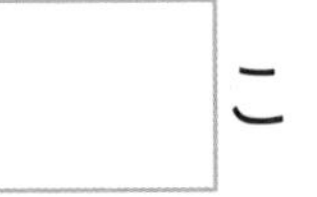 こ

(3) 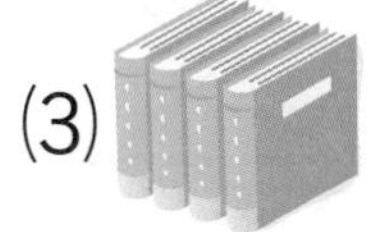 6 さつ　ふえると, 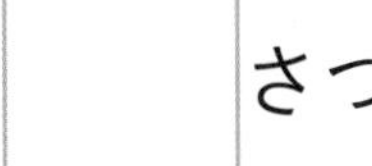 さつ

2 **たすと　いくつですか。□に　かずを　かきましょう。** (20 てん) 1 つ 10

(1) 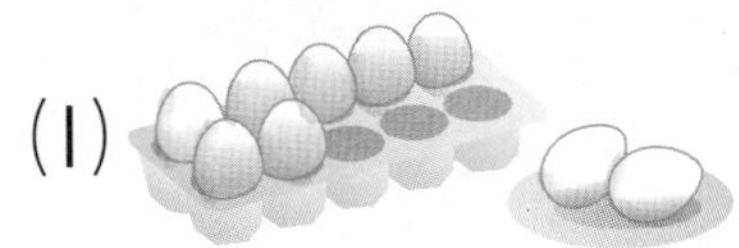 □ ＋ □ ＝ □

(2)  

3 **たしざんを　しましょう。** (30 てん) 1 つ 5

(1) 4＋3　　(2) 5＋3

(3) 2＋4　　(4) 7＋3

(5) 6＋3　　(6) 4＋0

4 **はとが　8 わ　いました。あとから　1 わ　きました。ぜんぶで　なんわに　なりましたか。**

(しき)　(13 てん)

(こたえ) □ わ

5 **ねこが　2 ひき，いぬが　5 ひき　います。あわせて　なんびきですか。** (13 てん)

(しき)

(こたえ) □ ひき

おなじ　かたちの　つみきの　かず ①

こたえ→154ページ　月　日

もんだい　おなじ　かたちの　つみきを　ならべました。
つみきの　かずを　かぞえましょう。

目ひょうじかん　3ぷん

(1)
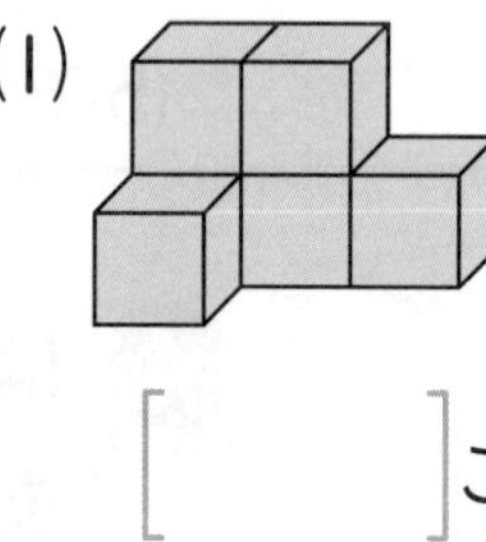
[　　]こ

(2)
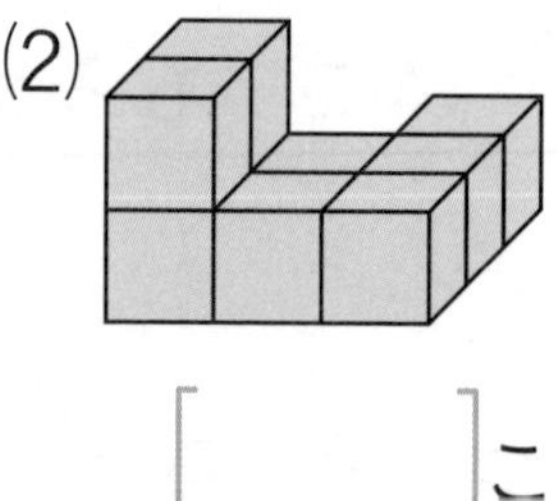
[　　]こ

みえない　ところに　ある
つみきも　わすれずに
かぞえましょう。

(3)
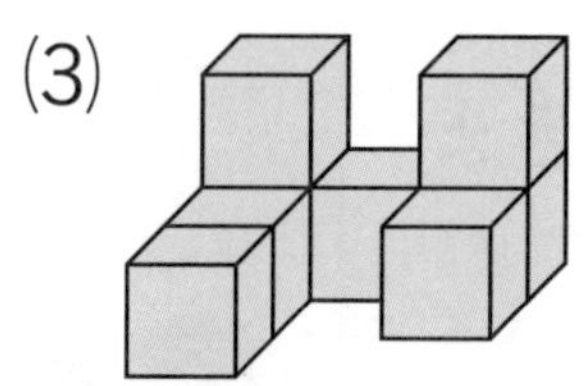

[　　]こ

(4)
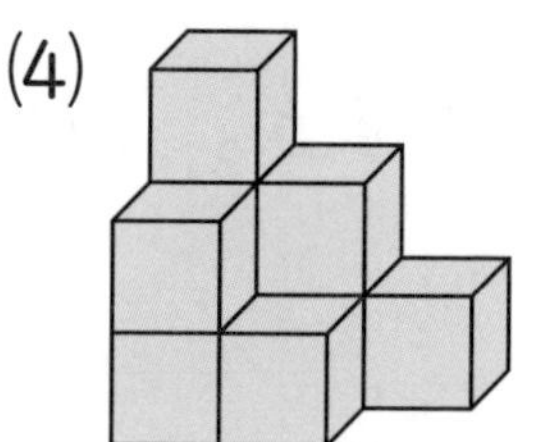

[　　]こ

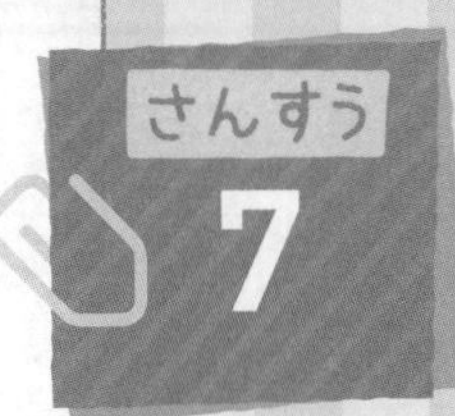

ひきざん ①

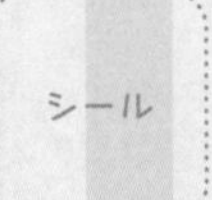

なまえ　1 年　　くみ

1 **のこりは　どれだけですか。** (24てん) 1つ8

(1)  ひとり かえると，□にん

(2)  3ぼん とると，□ぼん

(3)  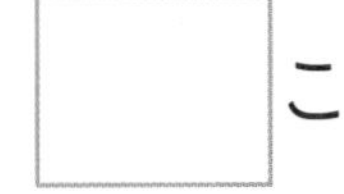 4こ　たべると，□こ

2 **ちがいは　いくつですか。** (16てん) 1つ8

(1)  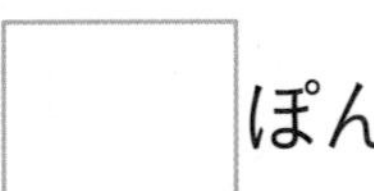 □ぽん

(2)   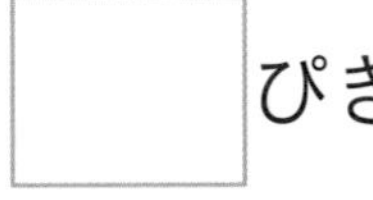 □ぴき

3 **ひくと　いくつですか。□に　かずを　かきましょう。** (24てん) 1つ12

(1) 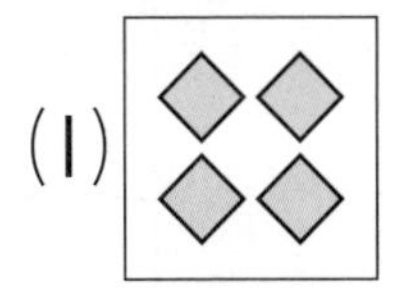 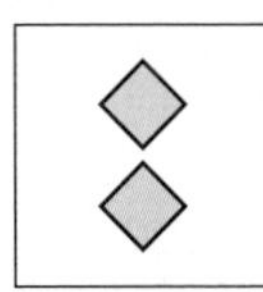 ⇨  4 − □ = □

(2) 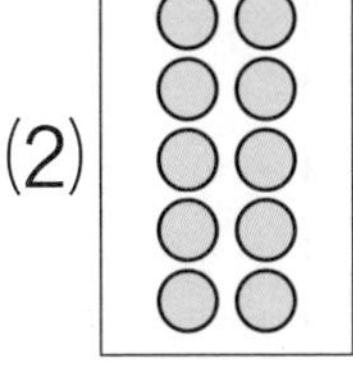 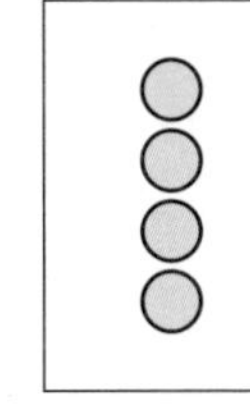 ⇨ 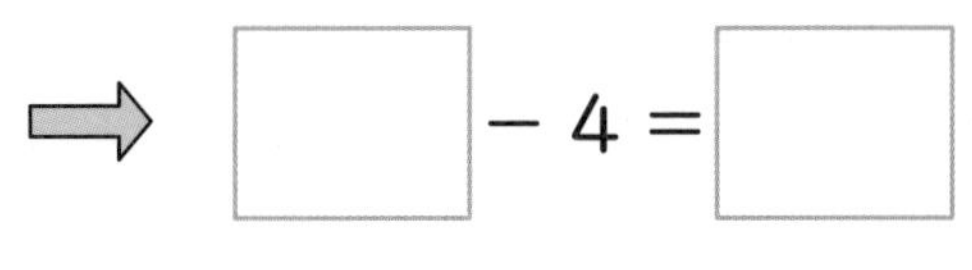 □ − 4 = □

4 **−，＝を　つかって　しきを　かきましょう。** (36てん) 1つ12

(1) 7から　3　へると，4です。

[　　　　　　　　]

(2) 8と　2の　ちがいは，6です。

[　　　　　　　　]

(3) 9から　4を　とると，5です。

[　　　　　　　　]

かたちづくり（つなぐ）②

こたえ→154ページ　月　日

もんだい　ひだりの　かたちと　おなじ　かたちを　かきましょう。

目ひょうじかん　3ぷん

(1)

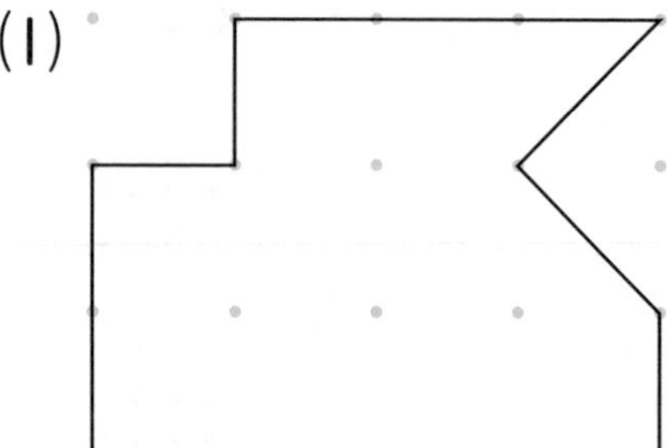

(2)

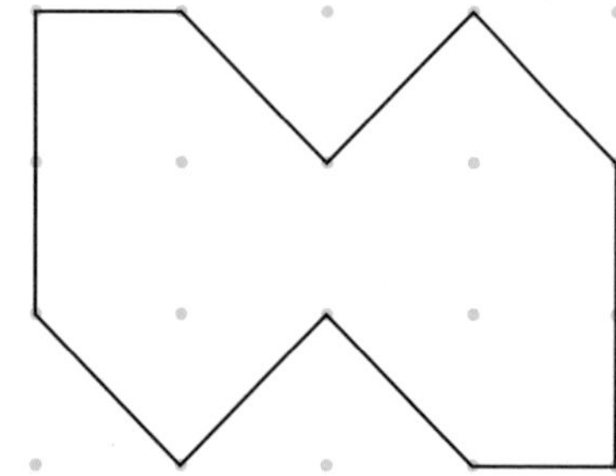

つなぐ　てんの　かずに
きを　つけましょう。

さんすう 8

ひきざん ②

シール

なまえ　1年　　くみ 

こたえ→154ページ　月　日

じかん 15ふん　ごうかく 80てん　とくてん　てん

1 いくつに　なるか，しきで　かきましょう。 (22てん) 1つ11

(1) ☆☆☆☆☆☆☆☆　2こ　ひくと，

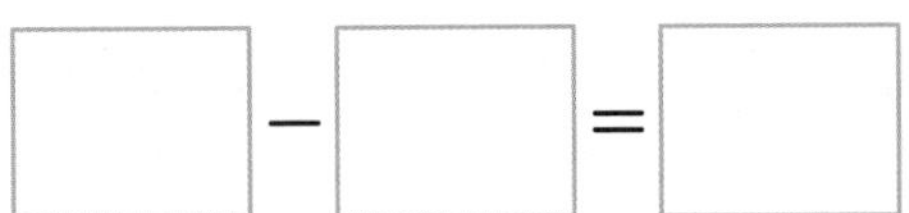

□ − □ ＝ □

(2) 10から　7　ひくと，

□ − □ ＝ □

チャレンジ

2 ちがいは　いくつですか。−，＝を　つかって　しきで　かきましょう。(22てん) 1つ11

(1)

[　　　　　　]

(2)

[　　　　　　]

3 ひきざんを　しましょう。(30てん) 1つ5

(1) 5−2　　(2) 7−4

(3) 8−4　　(4) 6−2

(5) 9−0　　(6) 4−4

4 こどもが　7にん　いました。4にん　かえりました。のこりは　なんにんですか。(13てん)

（しき）

（こたえ）□にん

5 うさぎが　9ひき，かめが　7ひき　います。かずの　ちがいは　なんびきですか。(13てん)

（しき）

（こたえ）□ひき

だいしょうかんけい ①

こたえ→154ページ　月　日

もんだい　おおきい　ほうから　２ばんめの　かたちの　ばんごうに　○を　つけましょう。

目ひょうじかん　２ふん

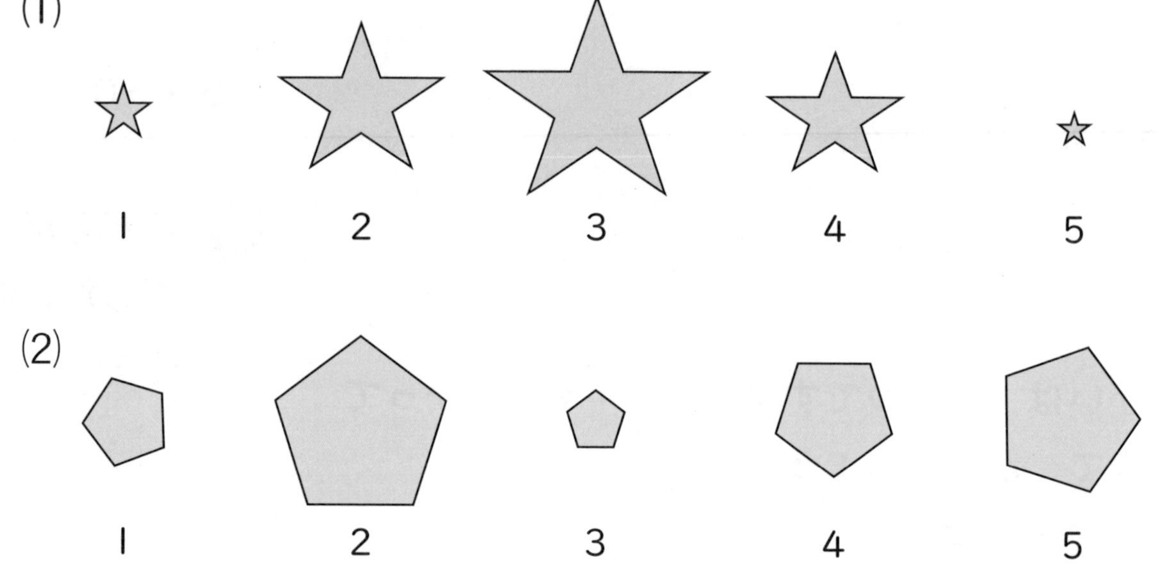

『パズル道場(トレーニングⅠ)』(受験研究社)

チャレンジテスト 1

なまえ　1 年　くみ

1 おおきい　じゅんに　ならべましょう。 (10 てん)

8　7　10　9

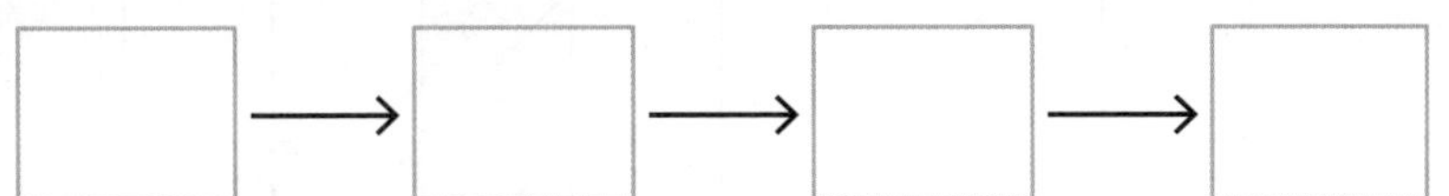

2 ○で　かこみましょう。 (10 てん) 1 つ 5

(1) まえから 3 だい

(2) うしろから 3 だいめ

3 うえの　だんの　かずを　わけると，したの 2 つの　かずに　なるように　します。□に　あてはまる　かずを　かきましょう。 (30 てん) 1 つ 10

6	
1	□

□	
2	7

8	
6	□

4 けいさんを　しましょう。 (30 てん) 1 つ 5

(1) 3＋6　　(2) 5＋5

(3) 0＋4　　(4) 7－7

(5) 6－1　　(6) 10－3

5 あかい　はなが　4 ほん，しろい　はなが 6 ぽん　あります。 (20 てん) 1 つ 10

(1) かずの　ちがいは　なんぼんですか。

（しき）

（こたえ）□ ほん

(2) はなは　ぜんぶで　なんぼん　ありますか。

（しき）

（こたえ）□ ぽん

いろいたの　かず ①

こたえ→154ページ　月　日

もんだい　いろいたの　かずを かぞえましょう。

目ひょうじかん　3ぷん

かぞえ　わすれや　おなじ　いたを なんども　かぞえたり　しないように きを　つけましょう。

(1)

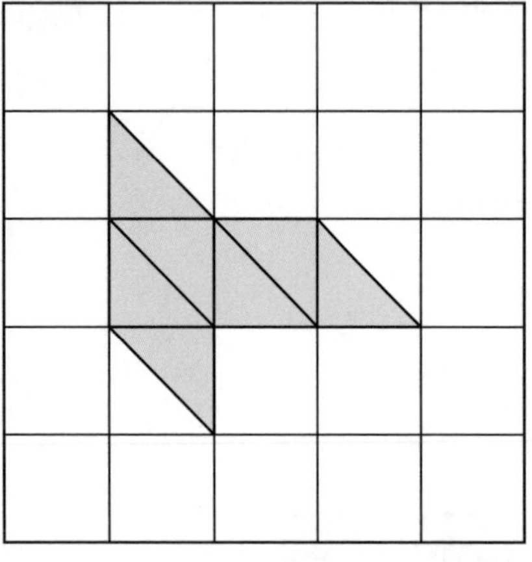

[　　]まい

(2)

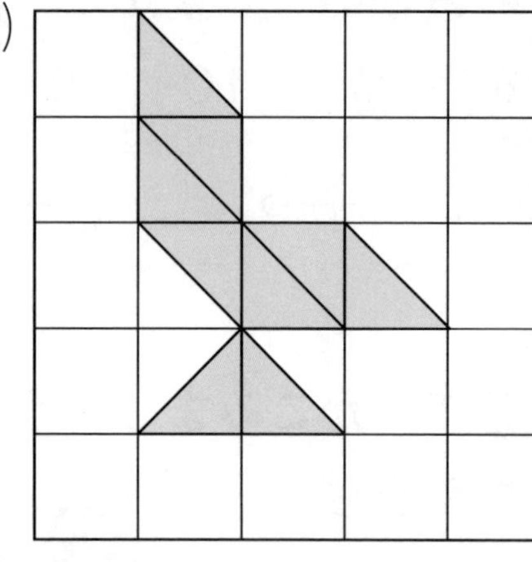

[　　]まい

(3)

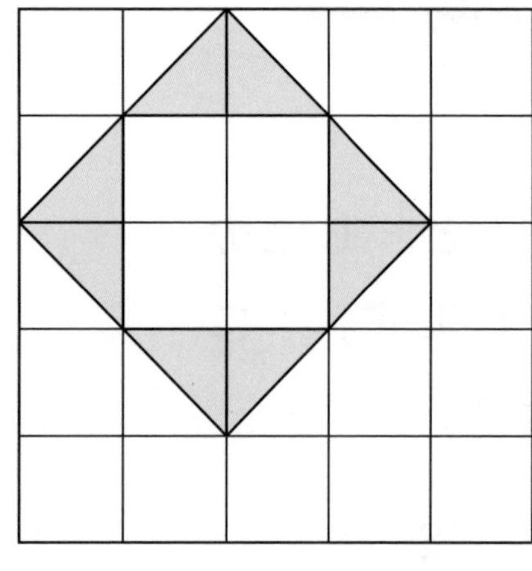

[　　]まい

(4)

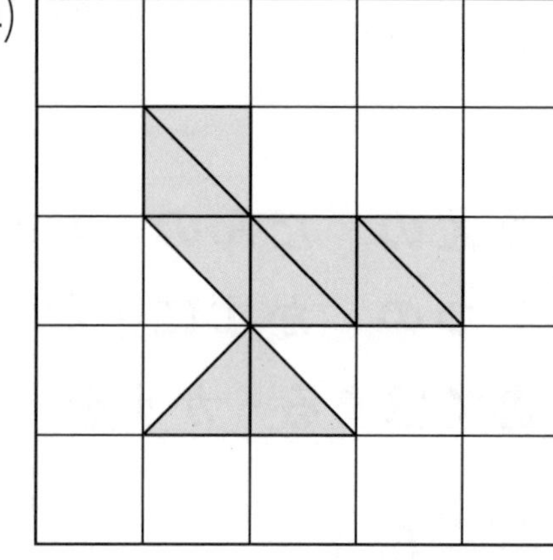

[　　]まい

さんすう

10 20までの　かず ①

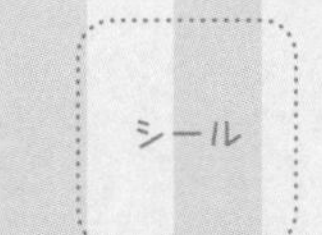

なまえ　1 年　くみ

こたえ→154 ページ　月　日

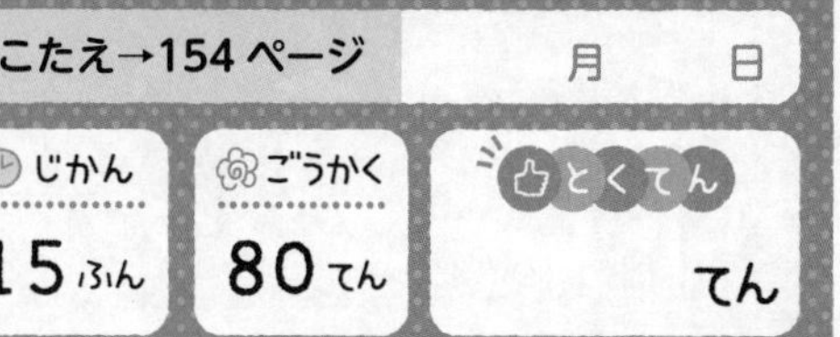

1 つぎの　かずを　すうじで　かきましょう。

(30 てん) 1 つ 10

(1) 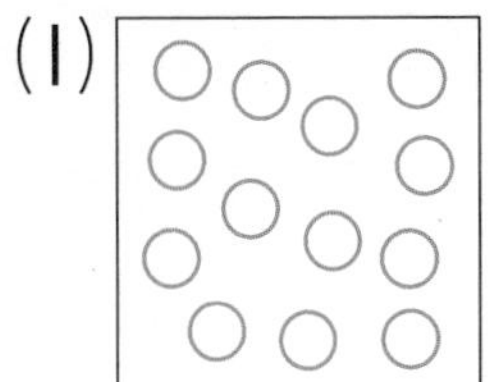　(2) 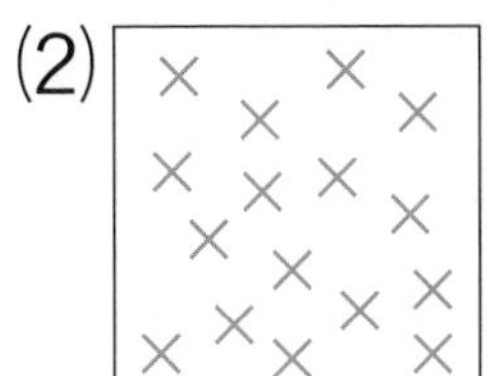　(3) 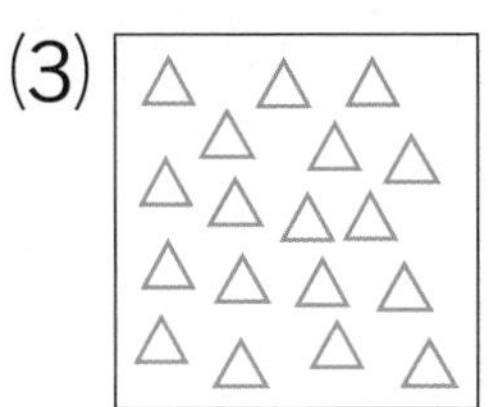

2 □に　あてはまる　かずを　かきましょう。

(20 てん) 1 つ 5

(1) 10 と　4 で 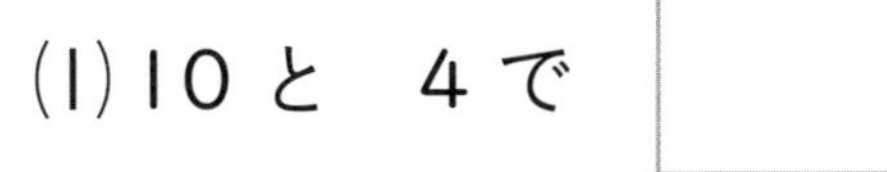

(2) 7 と　10 で 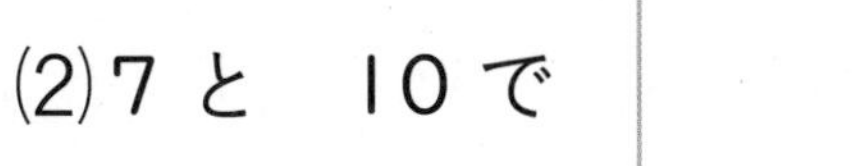

(3) 10 が　2 つで □

(4) 10 が　1 つと，1 が　9 つで □

3 1 ばんから　20ばんまで，ばんごうを　かいた　たまが　あります。なんばんの　たまが　ないですか。(20 てん) 1 つ 5

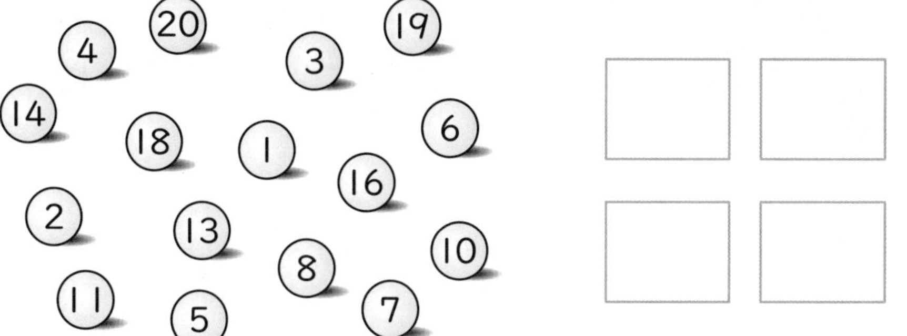

□ □
□ □

4 おおきい　じゅんに　ならべましょう。

(30 てん) 1 つ 10

(1) (14, 12, 17, 20)

→ [　,　,　,　]

(2) (18, 9, 14, 19)

→ [　,　,　,　]

(3) (8, 15, 11, 16, 13)

→ [　,　,　,　,　]

こたえ→154ページ　月　日

けいさんパズル（+と　−）①

もんだい　□に　あてはまる　+か　−を　かきましょう。

目ひょうじかん　3ぷん

(1) 1 □ 5 = 6　　(2) 7 □ 1 = 6

(3) 2 □ 4 = 6　　(4) 8 □ 2 = 6

(5) 3 □ 3 = 6　　(6) 9 □ 3 = 6

じかんないに　とけるように
しましょう。

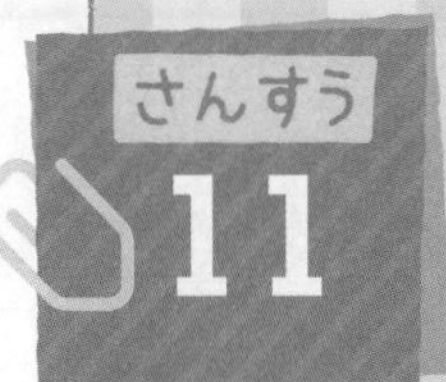

20までの　かず　②

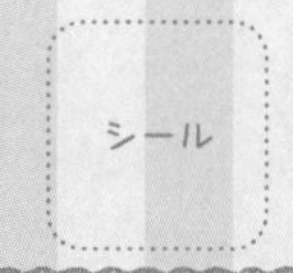

なまえ　1 年　くみ

こたえ→155 ページ　月　日

1 □に　あてはまる　かずを　かきましょう。

(50 てん) 1 つ 5

(1) 13 － □ － 15 － 16

(2) 16 － □ － 18 － 19

(3) □ － 12 － 11 － 10

(4) 18 － 17 － 16 － □

(5) 8 － □ － 12 － 14 － □

(6) □ － □ － 14 － 12 － 10

(7) □ － □ － 10 － 15 － 20

2 おおきい　ほうから　3ばんめの　かずに，○を　つけましょう。(15 てん) 1 つ 5

(1) (12,　9,　11,　14,　19)

(2) (15,　14,　8,　13,　17,　18)

(3) (12,　10,　19,　16,　9,　18,　13)

チャレンジ

3 □に　あてはまる　かずを　かきましょう。

(35 てん) 1 つ 7

(1) 12 より　6　おおきい　かずは　□

(2) 17 より　3　ちいさい　かずは　□

(3) □ より　4　ちいさい　かずは　13

(4) 16 は　あと　□ で　19

(5) □ は　あと　5　で　12

てんしゃ ②

こたえ→155 ページ 月　日

もんだい　ひだりの　ずと　みぎの　ずが　おなじに　なるように，ますの　なかに　○，△，×を　かきこみましょう。

目ひょうじかん　3 ぷん

(1)

(2)

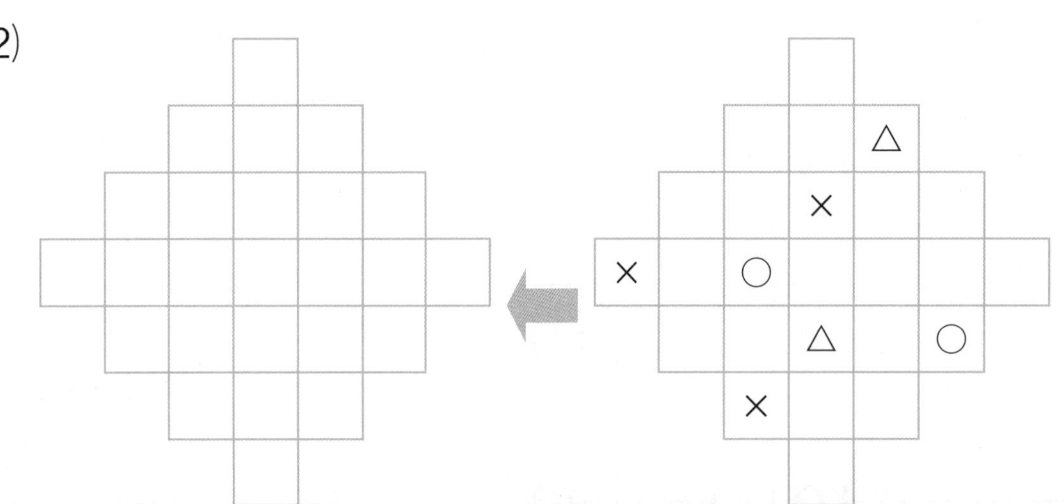

さんすう 12

せいりの しかた

シール

なまえ 1 年 くみ

こたえ→155 ページ 月 日

じかん 15 ふん ごうかく 80 てん とくてん てん

1 おなじ かずだけ，くだものに いろを ぬりましょう。(40 てん) 1 つ 20

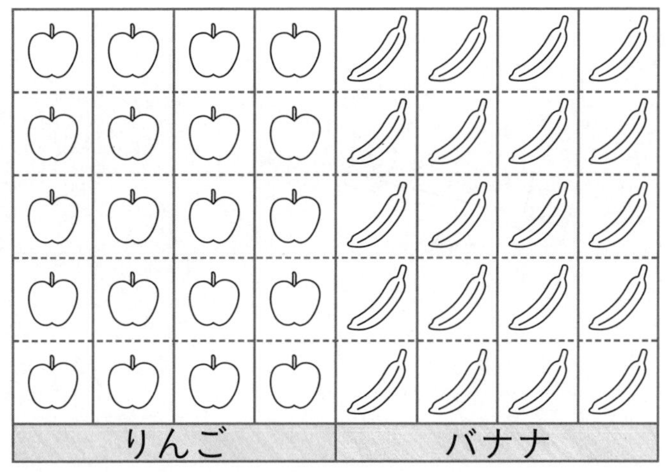

2 おなじ かずだけ，かたちに いろを ぬりましょう。(60 てん) 1 つ 15

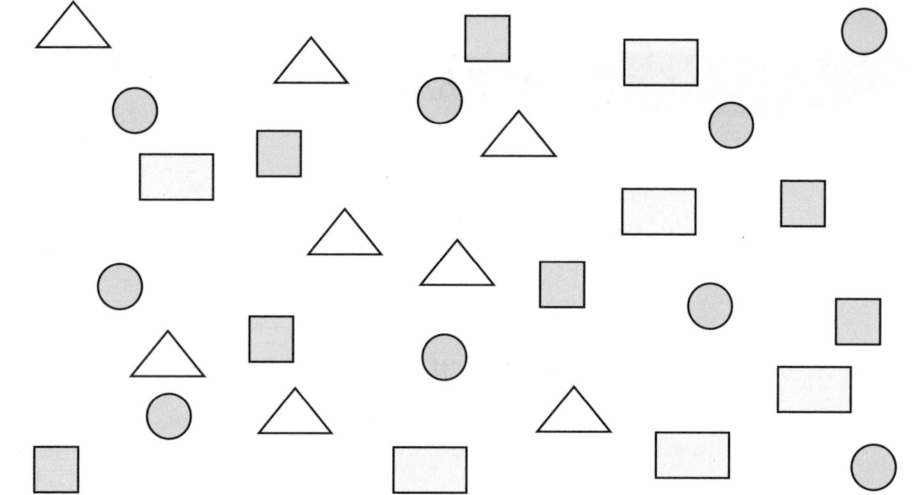

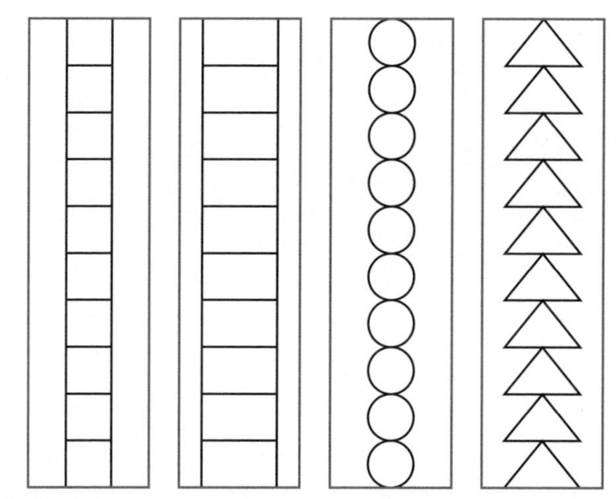

だいしょうかんけい（てんびん）①

こたえ→155ページ　月　日

もんだい　○，△，□の　なかで，いちばん　おもい　ものは　どれですか。
○は　1，△は　2，□は　3と　して　すうじで　かきましょう。

目ひょうじかん　3ぷん

(1)
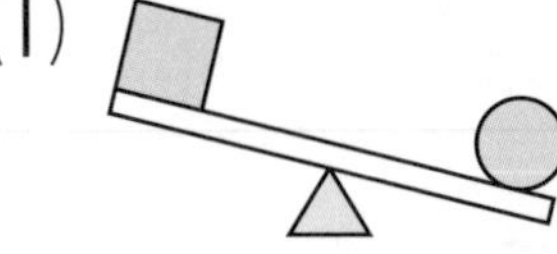
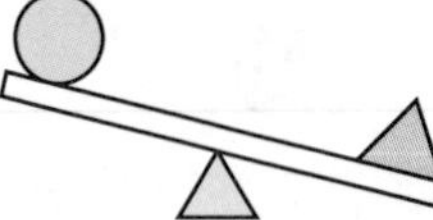

□

おもい　ほうが　したに
さがるよ。

(2)
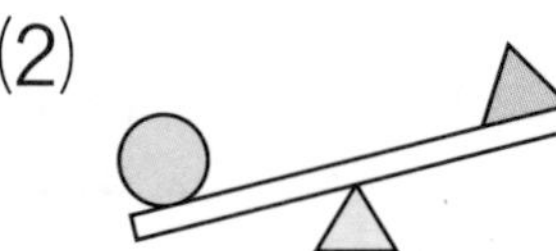
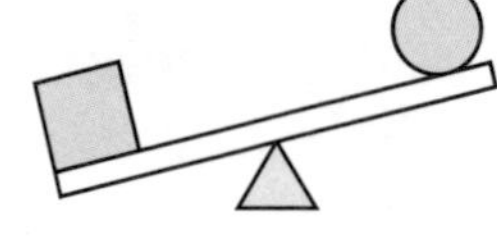

□

(3)

□

さんすう 13

くりあがりの ある たしざん ①

シール

なまえ　1 年　くみ

こたえ→155 ページ　月　日

じかん 15 ふん　ごうかく 80 てん　とくてん　てん

さんすう　せいかつ　こくご　こたえ

1 □に　あてはまる　かずを　かきましょう。

(40 てん) 1 つ 5

(1) 9+4

9 + 4 = 13

・4 を　1 と □ に　わける。

・9 に □ を　たすと，10

・10 に，のこりの □ を　たすと，□

(2) 3+8

・3 を　1 と □ に　わける。

・□ と　8 を　たして，10

・10 に，のこりの □ を　たすと，□

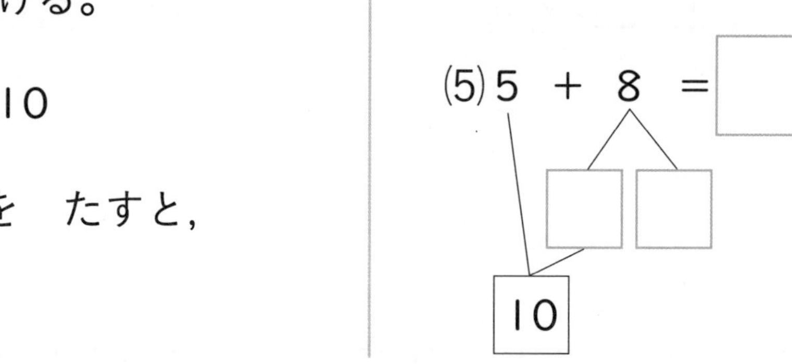

2 □に　あてはまる　かずを　かきましょう。

(60 てん) 1 つ 10

(1) 7 + 8 = □

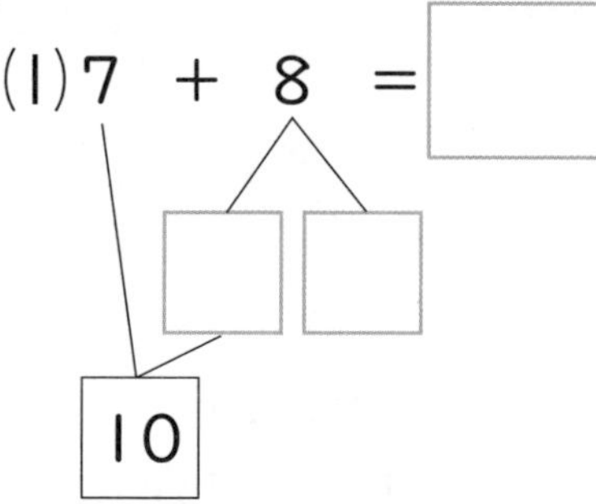

(2) 3 + 9 = □

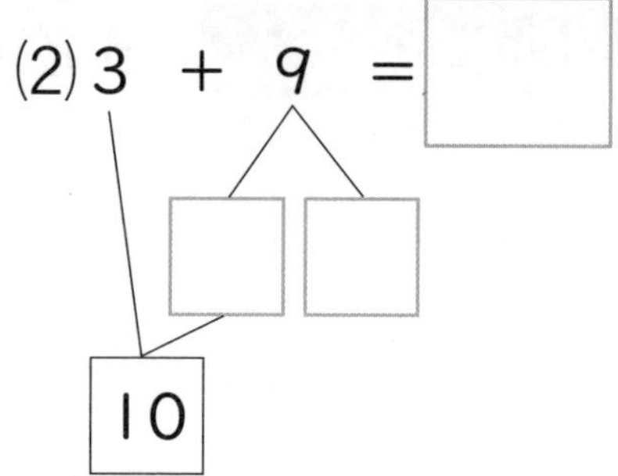

(3) 8 + 6 = □

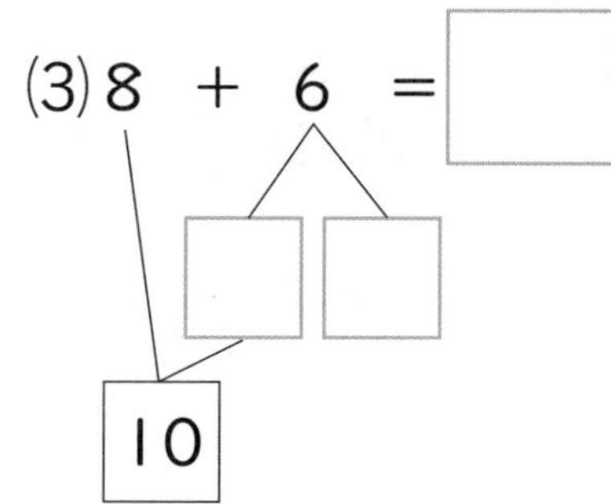

(4) 9 + 9 = □

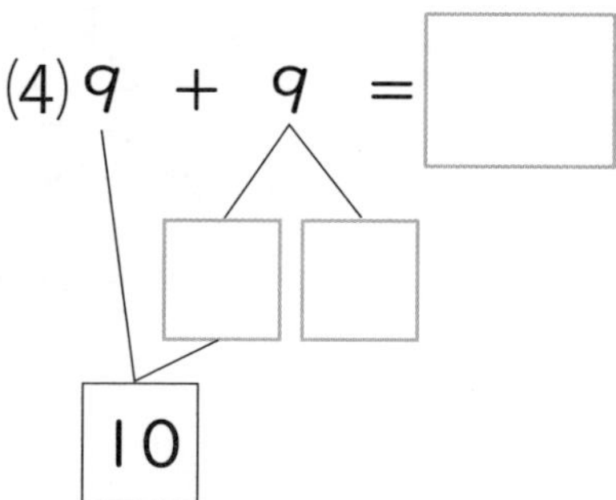

(5) 5 + 8 = □

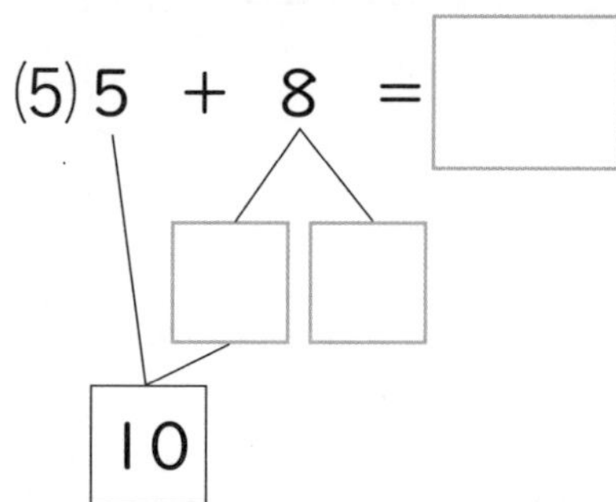

(6) 9 + 7 = □

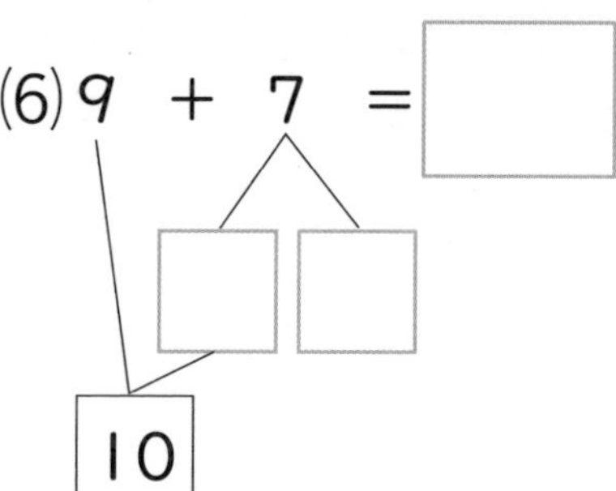

つみきの　かず ②

こたえ→155ページ　月　日

もんだい　つみきの　かずを　かぞえましょう。

目ひょうじかん　3ぷん

(1)

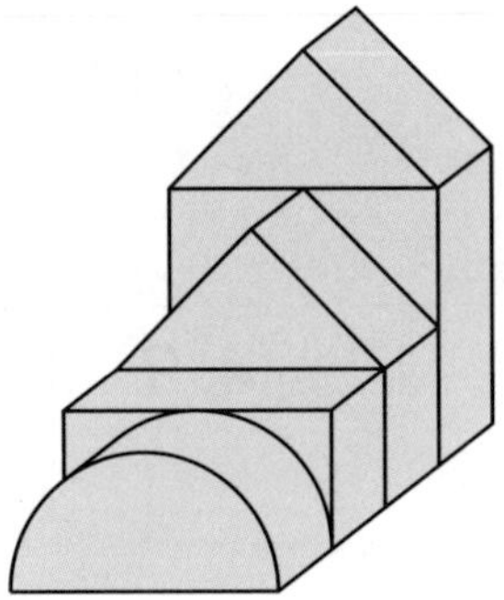

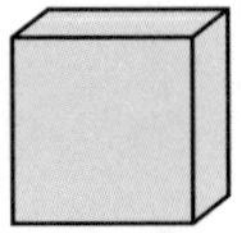

が［　　］つ

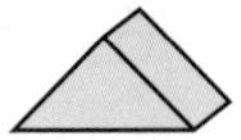

が［　　］つ

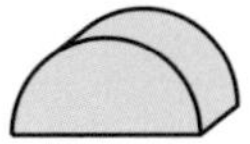

が［　　］つ

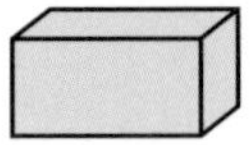

が［　　］つ

(2)

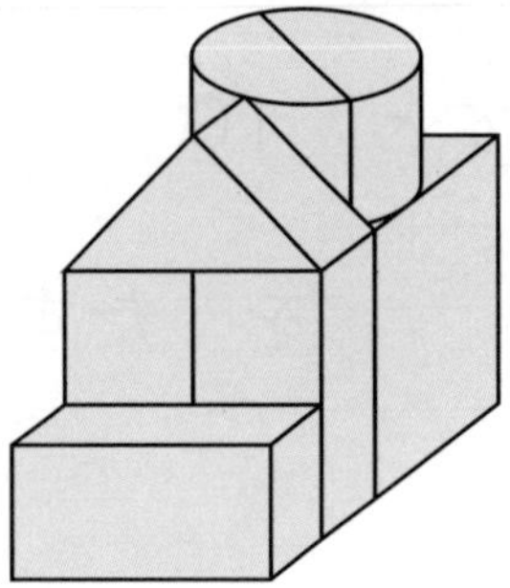

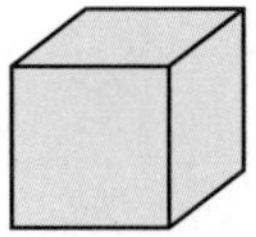

が［　　］つ

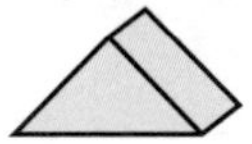

が［　　］つ

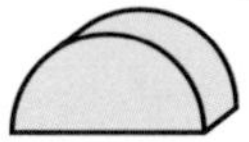

が［　　］つ

が［　　］つ

くりあがりの ある たしざん ②

シール

なまえ　1 年　くみ

こたえ→155 ページ　月　日

じかん 15ふん　ごうかく 80てん　とくてん　てん

1 たしざんを　しましょう。(40てん) 1つ5

(1) 8＋3　(2) 9＋5

(3) 5＋6　(4) 2＋9

(5) 8＋7　(6) 6＋6

(7) 9＋3　(8) 6＋9

2 まんなかの　かずに，まわりの　かずを　たしましょう。(30てん) 1つ3

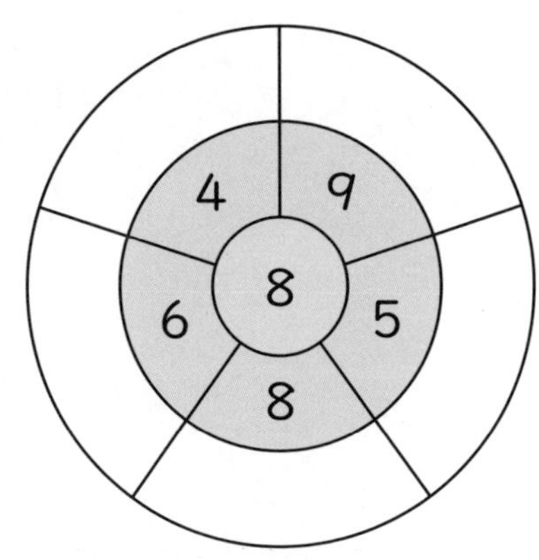

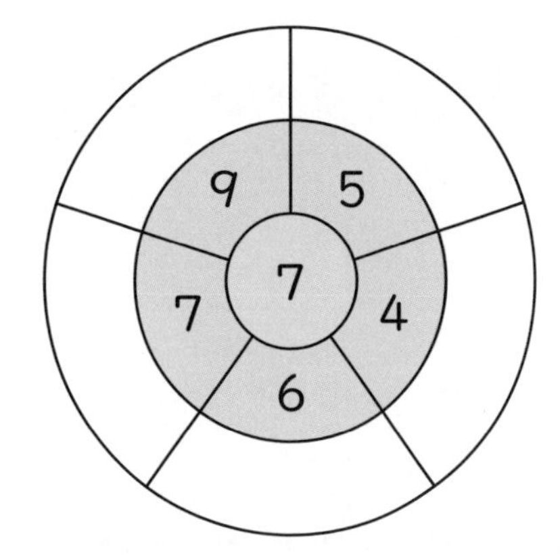

3 さかなつりに　いきました。わたしは　5ひき，おとうさんは　9ひき　つりました。あわせて　なんびきに　なりますか。(10てん)

（しき）

（こたえ）  ひき

4 えんぴつを　7ほん　もって　います。7ほん　もらうと，ぜんぶで　なんぼんに　なりますか。

（しき）　(10てん)

（こたえ）　ほん

チャレンジ

5 たしざんの　もんだいを　つくりましょう。

(10てん)

りんごが，

みかんが，

なんこに　なるでしょう。

こたえ→155 ページ 月　日

けいさんパズル（おなじ すうじの たしざん）①

もんだい □に　あてはまる　おなじ　すうじを　かきましょう。

目ひょうじかん 3 ぷん

(1) □＋□＝4　　(2) □＋□＝8

(3) □＋□＝10　　(4) □＋□＝14

(5) □＋□＝16　　(6) □＋□＝18

1＋1＝2，3＋3＝6の　ように　それぞれ　おなじ　すうじを　いれるよ。

くりさがりの ある ひきざん ①

なまえ 1 年 くみ

こたえ→155 ページ 月 日

じかん 15ふん ごうかく 80てん とくてん てん

1 □に あてはまる かずを かきましょう。 (40 てん) 1つ5

(1) 12－7

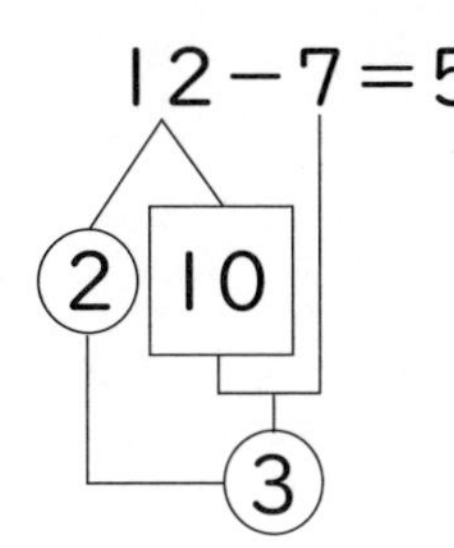

12－7＝5

• 12を 2と □に わける。

• □から 7を ひいて 3

• 3に のこりの □を たして □

(2) 17－8＝□

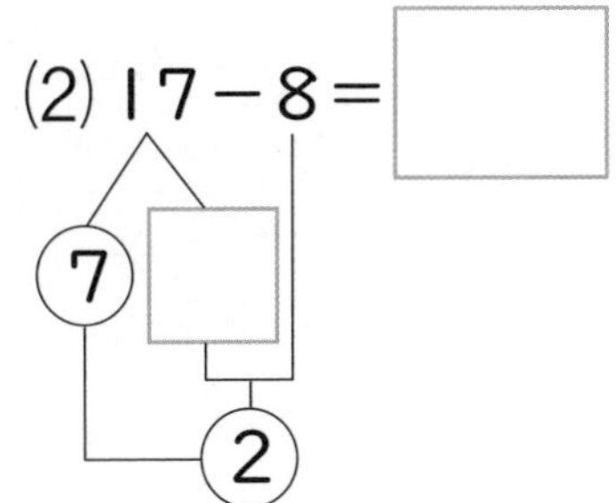

(3) 15－7＝□

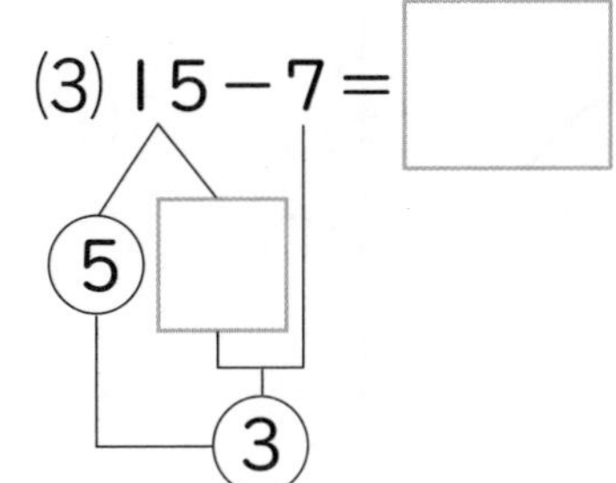

2 ちがいは いくつですか。－，＝を つかって しきで かきましょう。 (24 てん) 1つ12

(1)

[ ]

(2)

[ ]

3 ひきざんを しましょう。 (36 てん) 1つ6

(1) 12－4　(2) 16－9

(3) 13－7　(4) 14－7

(5) 15－8　(6) 18－9

かたちづくり（かがみ）①

こたえ→156ページ 月 日

もんだい まんなかの ふとい せんで おったとき，ぴったりと あう かたちを みぎに かきましょう。

目ひょうじかん 3ぷん

(1)

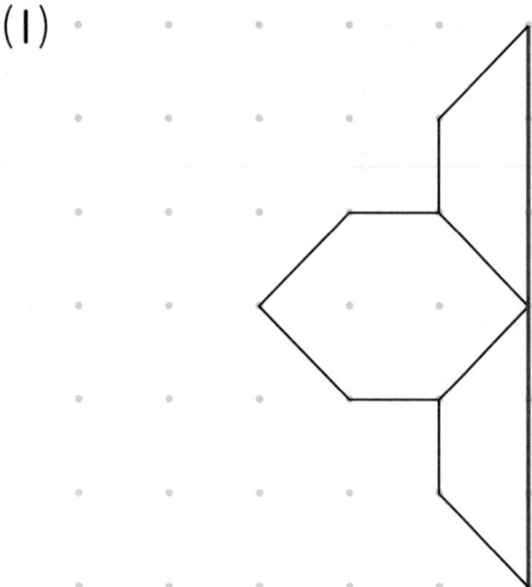

(2)

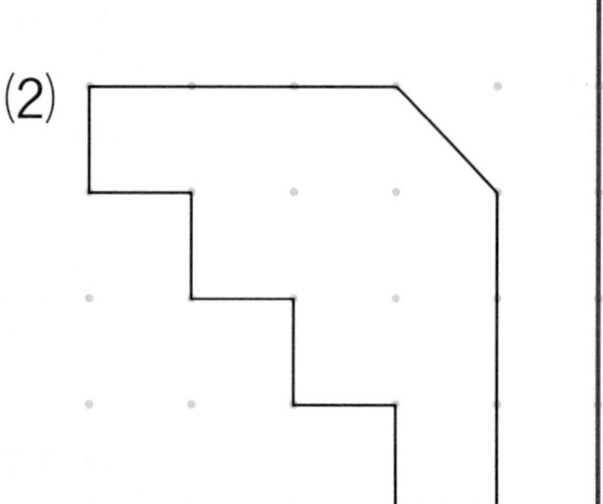

さんすう 16

くりさがりの ある ひきざん ②

シール

なまえ 1 年 くみ

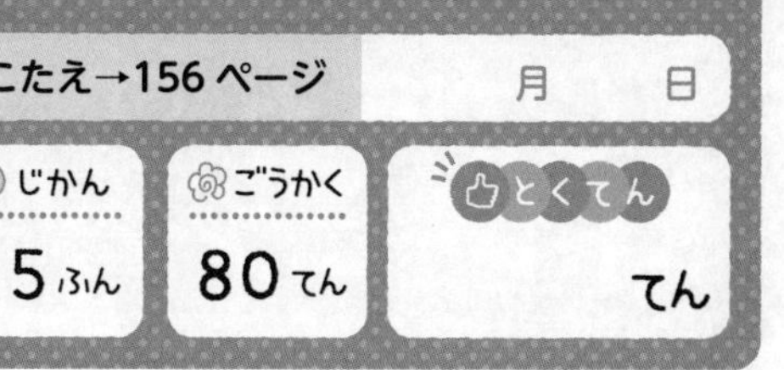

1 まんなかの かずから まわりの かずを ひきましょう。(40 てん) 1 つ 4

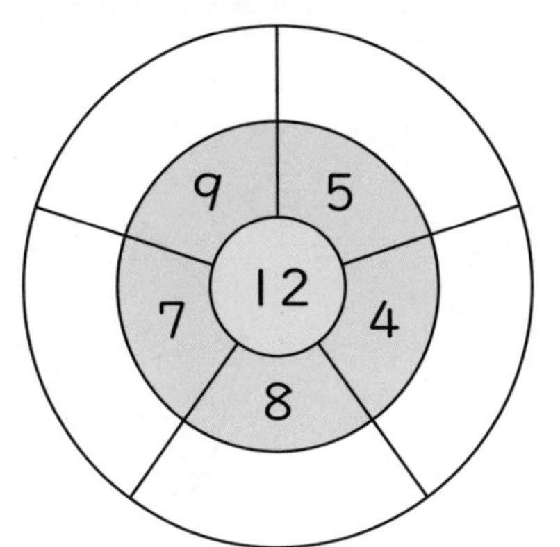

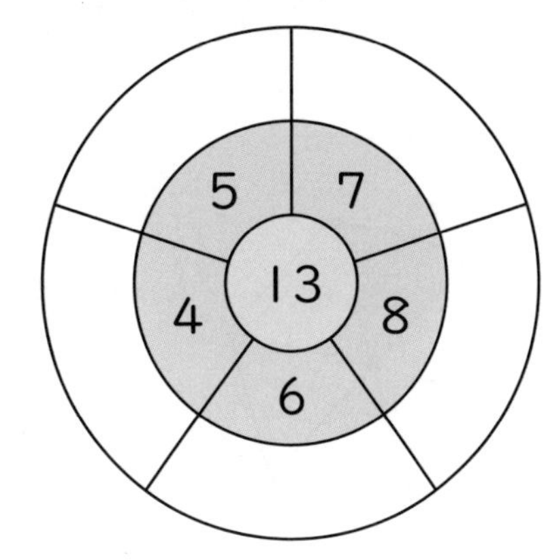

2 うえの かずから したの かずを ひくと, 7に なるように, □に かずを かきましょう。(25 てん) 1 つ 5

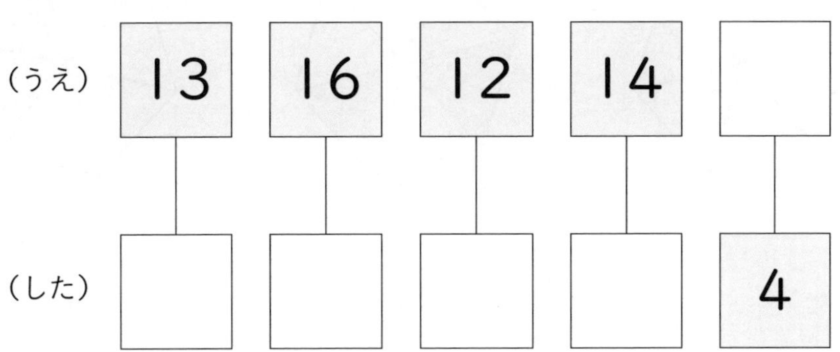

3 はるかさんは 7さい, おねえさんは 11さいです。なんさい ちがいますか。(10 てん)

(しき)

(こたえ) □ さい

4 あかい たまが 13こ, しろい たまが 9こ あります。しろい たまは, あかい たまより なんこ すくないですか。(10 てん)

(しき)

(こたえ) □ こ

チャレンジ

5 ひきざんの もんだいを つくりましょう。(15 てん)

ぺっとぼとるの じゅうすが,

かんの じゅうすが,

なんぼんに なるでしょう。

どれと どれが おなじ ③

こたえ→156ページ

月　日

もんだい　の　なかと　おなじ　ものを　みつけて，○を　つけましょう。

目ひょうじかん　3ぷん

(1)

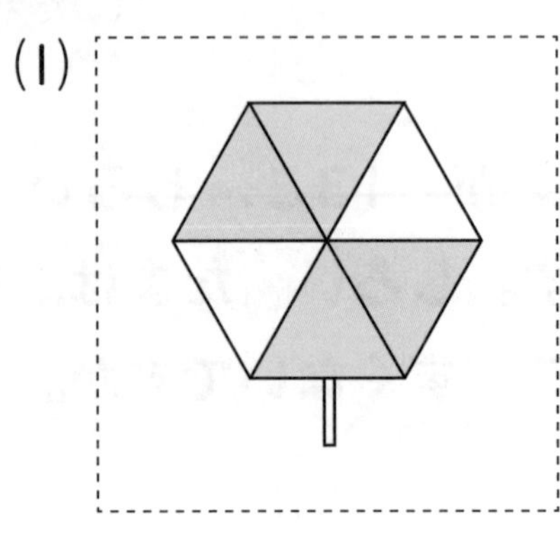

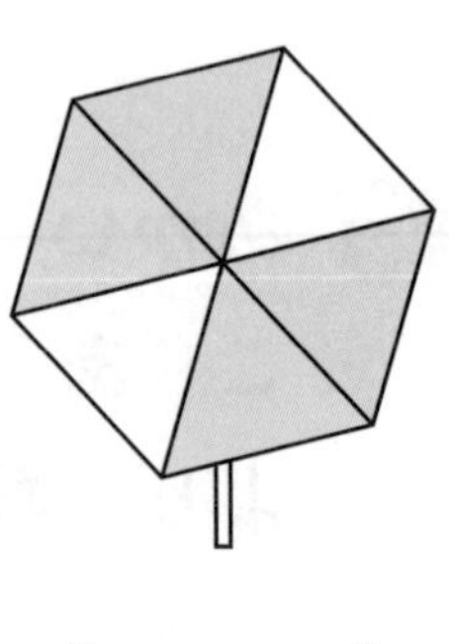

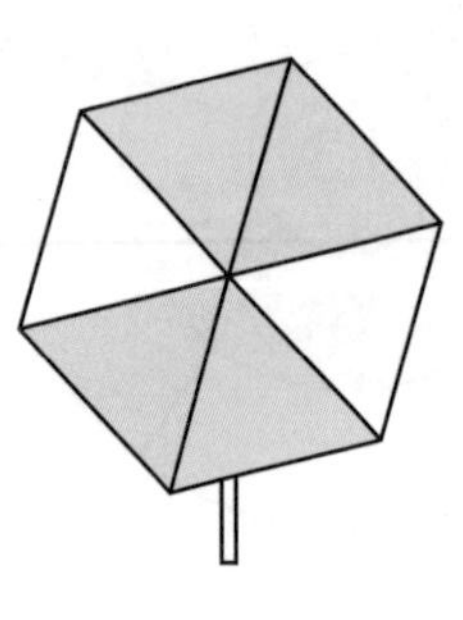

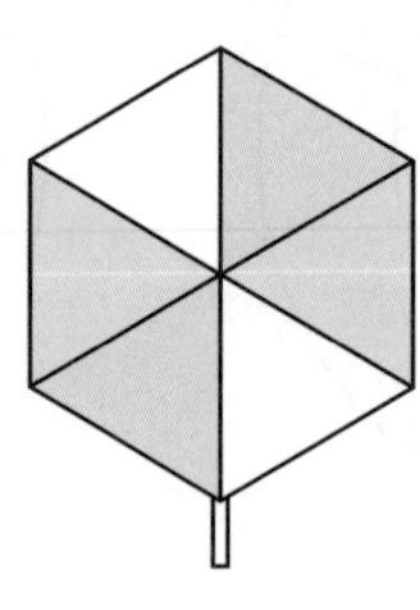

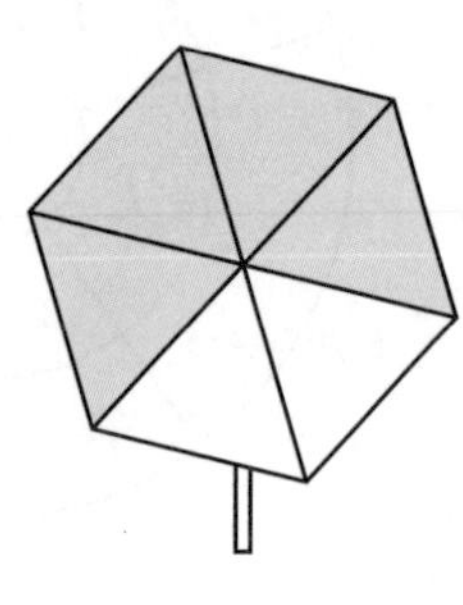

[　　] [　　] [　　] [　　]

(2)

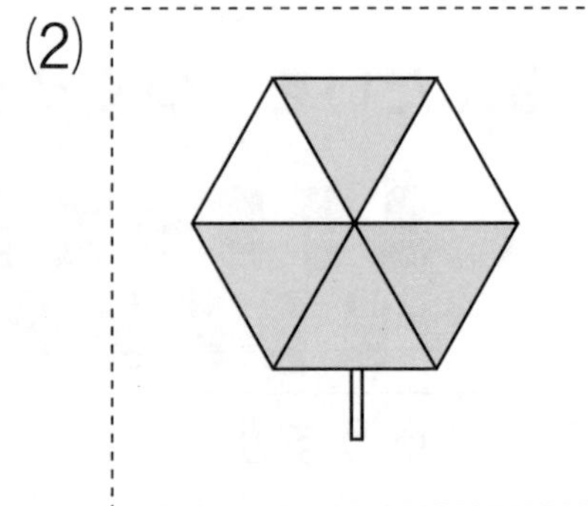

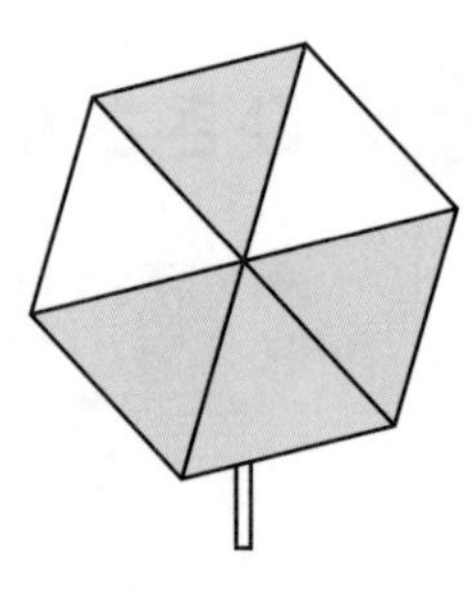

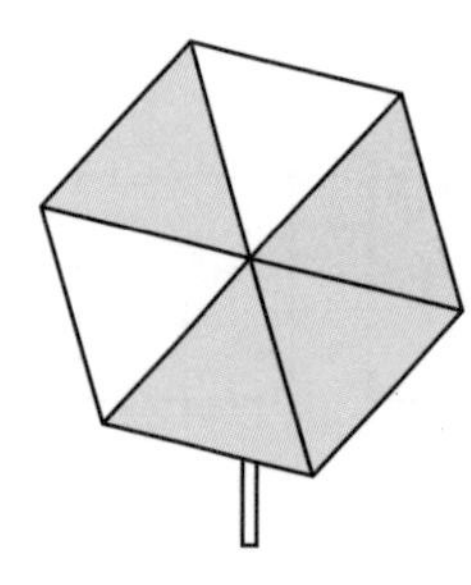

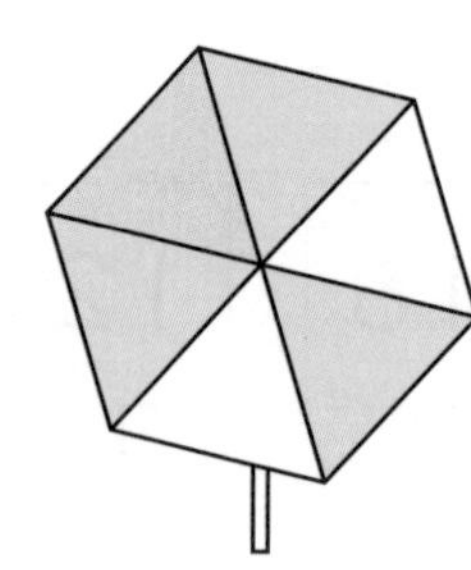

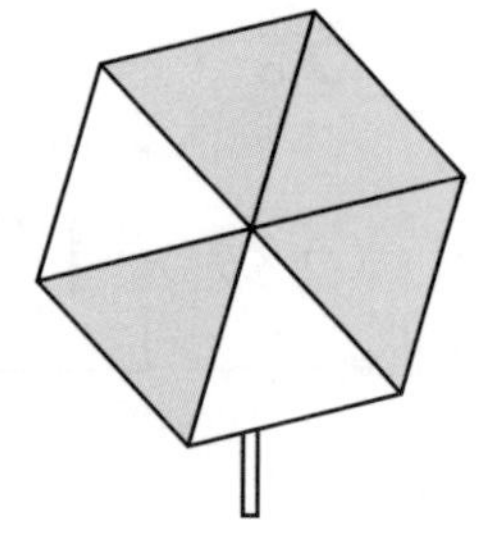

[　　] [　　] [　　] [　　]

ながさくらべ

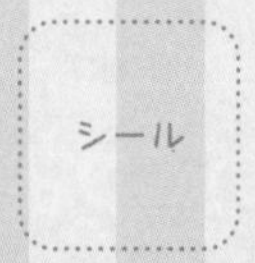

なまえ　1 年　　くみ

1 ながい　じゅんに　ばんごうを　かきましょう。(20 てん)

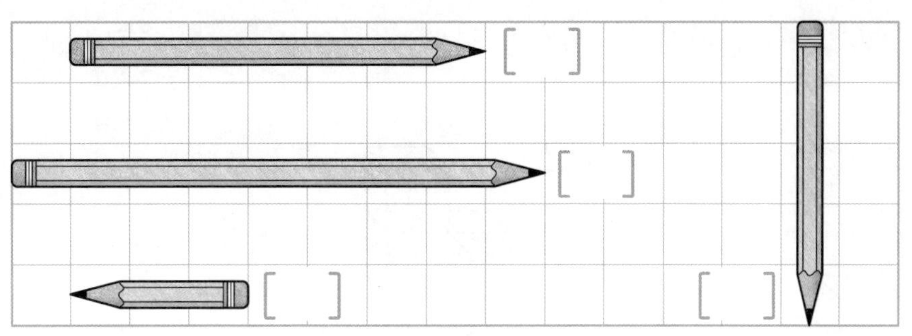

2 ながい　じゅんに　ばんごうを　かきましょう。(わの　1つ　1つは，みんな　おなじ　ながさです。) (30 てん)

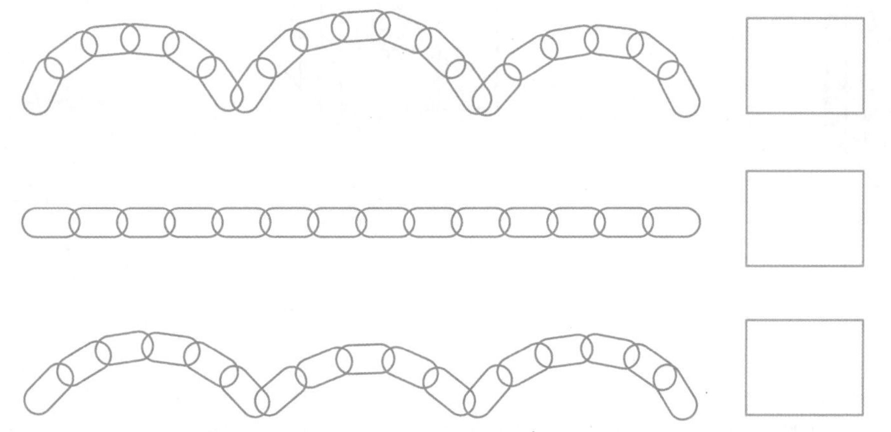

3 おなじ　ながさを　さがして，□に　きごうを　かきましょう。(30 てん) 1つ 10

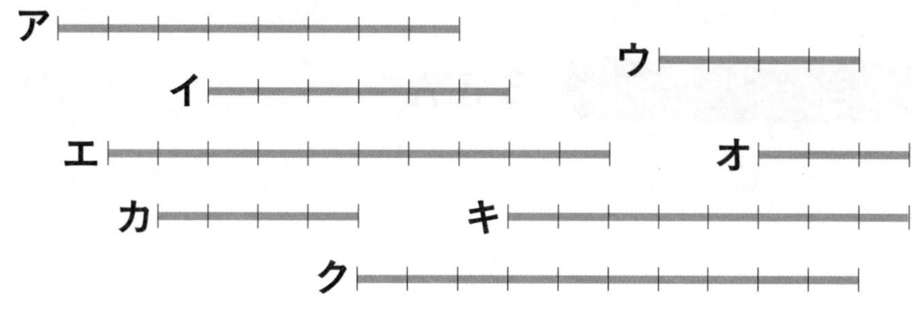

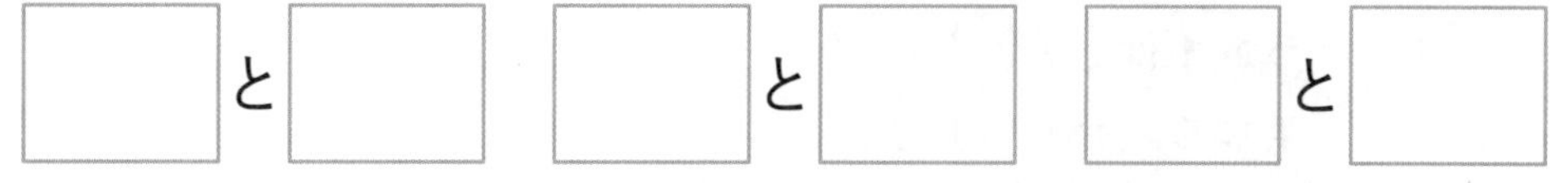

4 どちらが　どれだけ　ながいか　かきましょう。(20 てん)

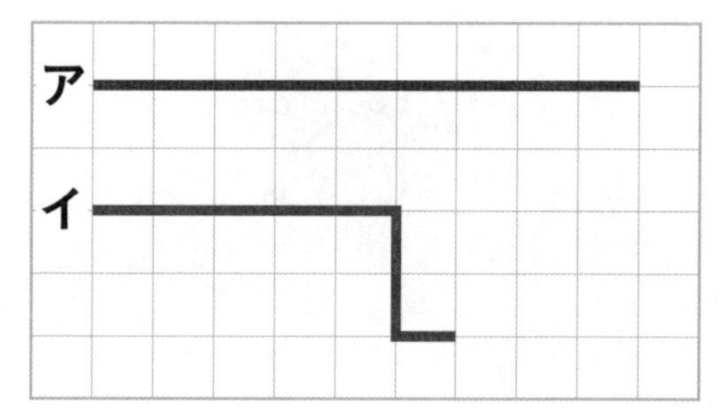

□が　ます　□つぶん　ながい。

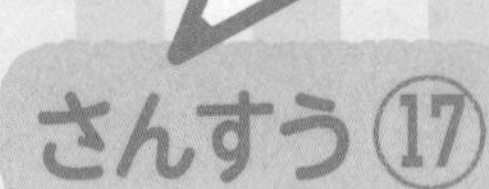

こたえ→156 ページ 月　日

おなじ　かたちの　つみ木の　かず ②

もんだい　おなじ　かたちの　つみ木を　ならべました。
つみ木の　かずを　かぞえましょう。

目ひょうじかん　3 ぷん

つみ木は　みんな
おなじ　かたちだよ。

(1)

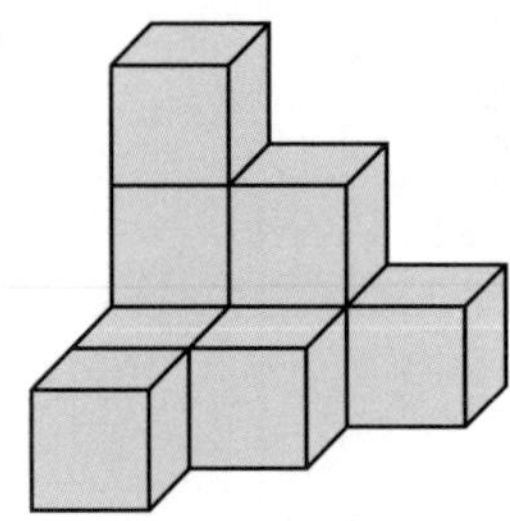

[　　　]こ

(2)

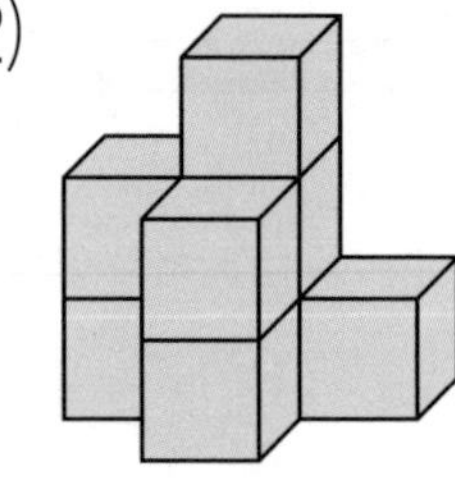

[　　　]こ

(3)

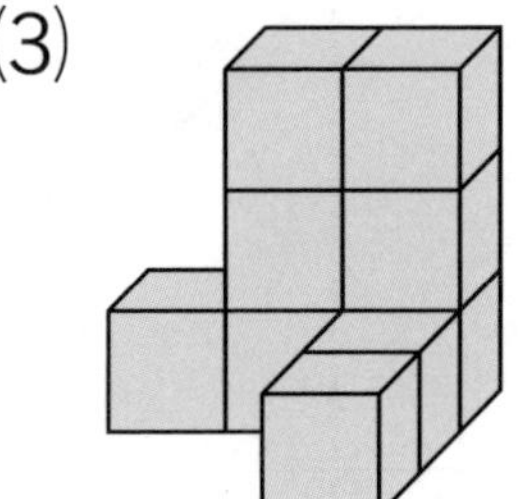

[　　　]こ

(4)

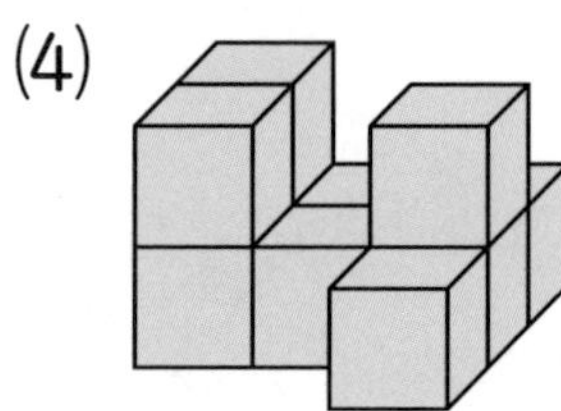

[　　　]こ

かさくらべ

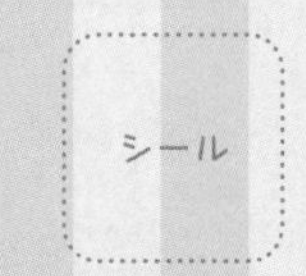

なまえ　1年　くみ

1 **コップの　かずで，かさを　しらべましょう。**

(30てん) 1つ10

(1) 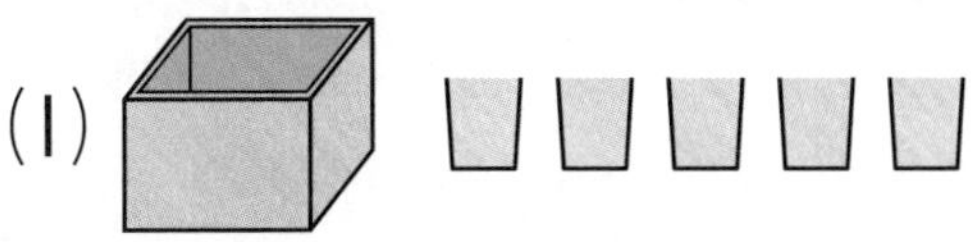　[　　　]はい

(2) 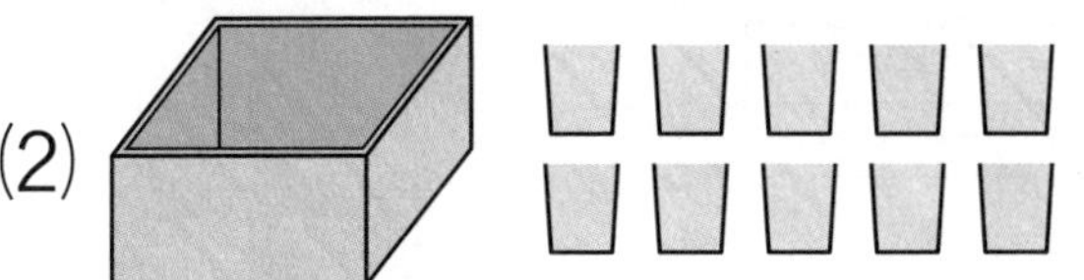　[　　　]ぱい

(3) 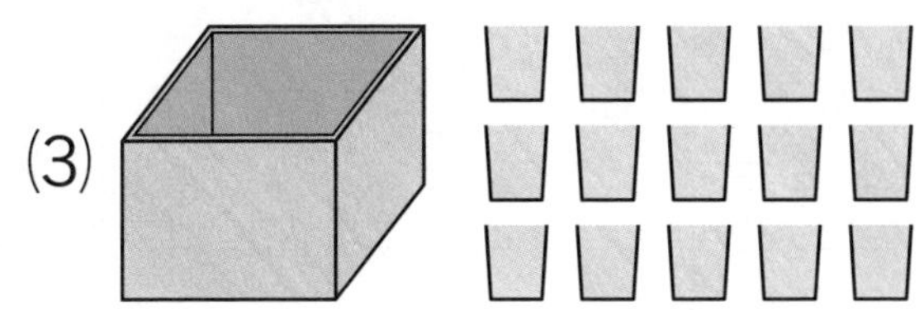　[　　　]はい

2 **どちらが　コップに　なんばいぶん　おおく　入(はい)りますか。** (10てん)

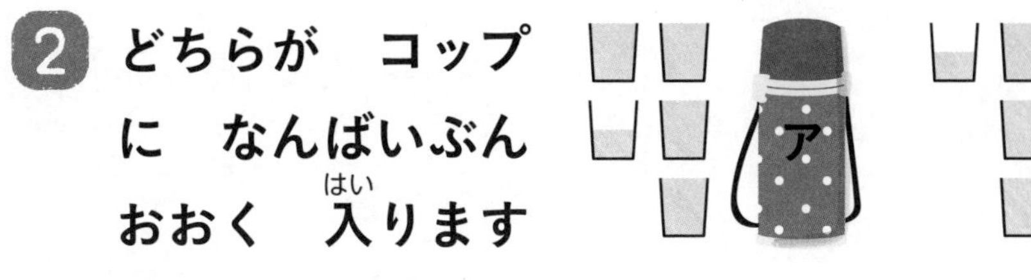

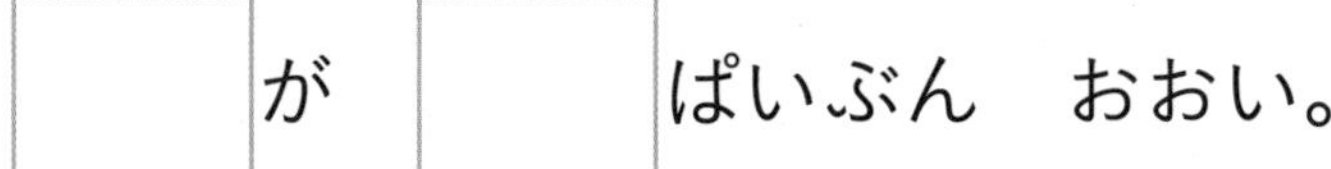

□が　□ぱいぶん　おおい。

3 **いろいろな　入(い)れものが　あります。コップで　なんばい　入るか　しらべました。** (60てん) 1つ15

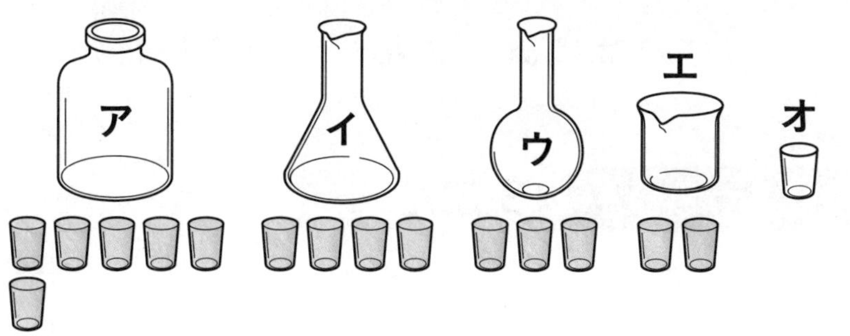

(1) **エ**が　2つぶん　入る　入れものは　どれですか。　[　　　]

(2) **ウ**が　2つぶん　入る　入れものは　どれですか。　[　　　]

(3) **ア**の　はんぶんが　入る　入れものは　どれですか。　[　　　]

(4) **イ**の　はんぶんが　入る　入れものは　どれですか。　[　　　]

はじめは　いくつ ①

こたえ→156 ページ　　月　　日

もんだい　こうえんに　すずめが　います。
そのうち　6わ　とんで　いったので，のこりが　4わに　なりました。
はじめ　なんわ　いましたか。

目ひょうじかん　3ぷん

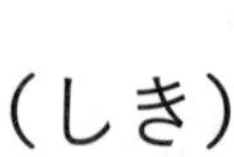

（ことばの　しき）

□ ＋ □ ＝ □

（しき）

□ ＋ □ ＝ □

（こたえ）□

ひろさくらべ

シール

なまえ　1 年　　くみ

こたえ→156 ページ　　月　　日

じかん 15 ふん　ごうかく 80 てん　とくてん　　てん

1 ますの　かずで，ひろさを　くらべます。

㋐ 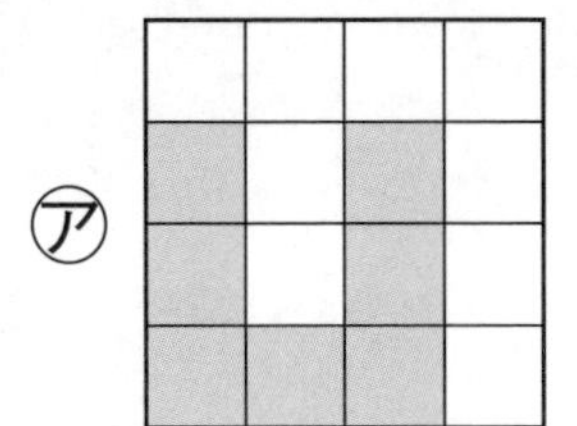　㋑ 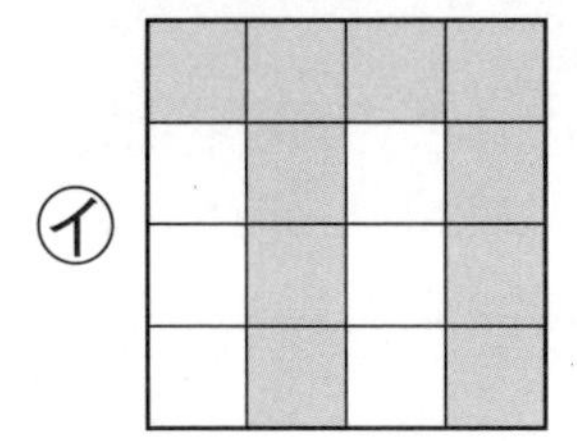　㋒ 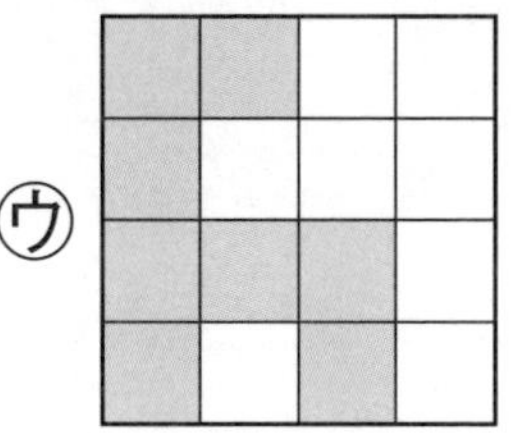

(1) ■の　かずを　かぞえましょう。(15てん) 1つ5

㋐ [　　　]こ　㋑ [　　　]こ　㋒ [　　　]こ

(2) どれが　いちばん　ひろいですか。(15てん)

[　　　]

2 アと　イでは，どちらが　ひろいですか。

(20てん) 1つ10

(1) 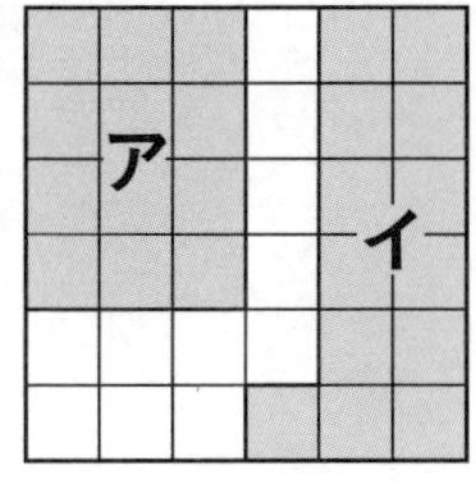

[　　　]

(2) 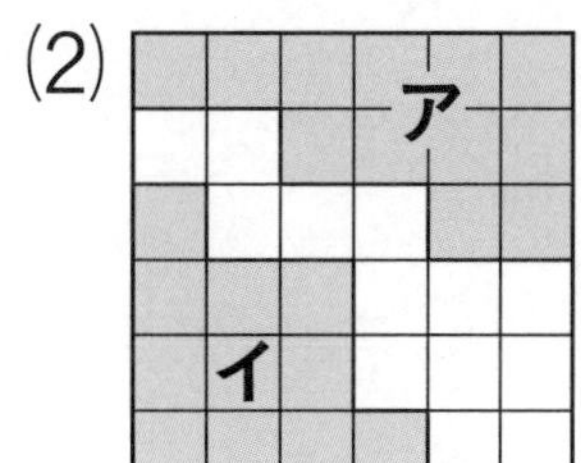

[　　　]

3 4人(にん)で，じんとりゲームを　しました。だれが　ひろく　とれて　いますか。ひろい　じゅんに　ばんごうを　つけましょう。 (20てん)

ひろし	▨	
かずこ	■	
たかし	▧	
みよこ	■	

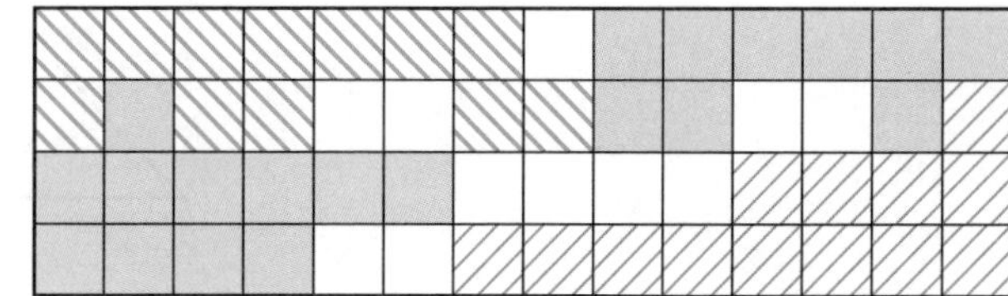

チャレンジ

4 いくつぶんですか。 (30てん) 1つ10

(1) 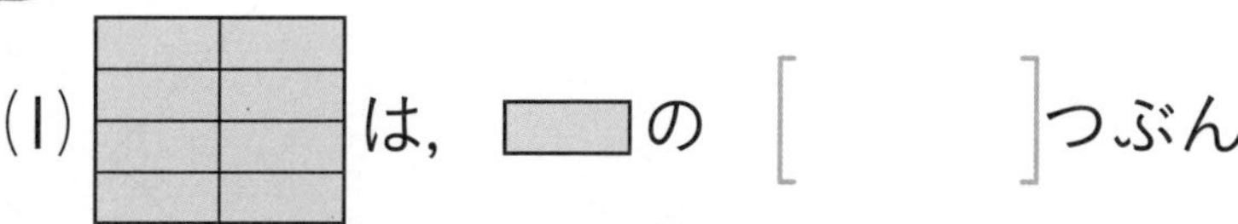は，▭の [　　　]つぶん

(2) は，▯の [　　　]つぶん

(3) 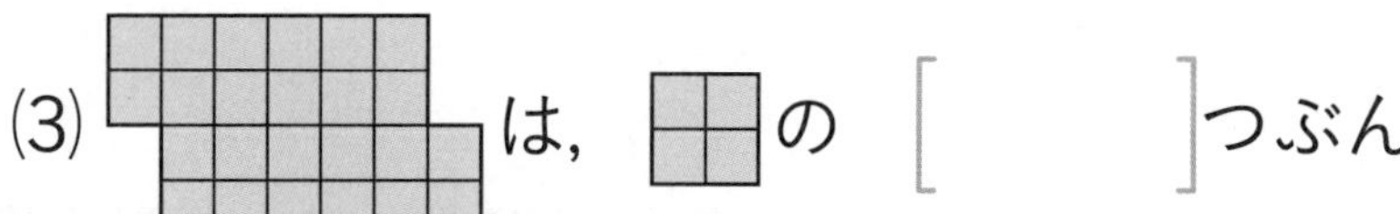は，田の [　　　]つぶん

かたちづくり（つなぐ）③

こたえ→156ページ　月　日

もんだい　左（ひだり）の　かたちと　おなじ　かたちを　かきましょう。

目ひょうじかん　3ぷん

(1)

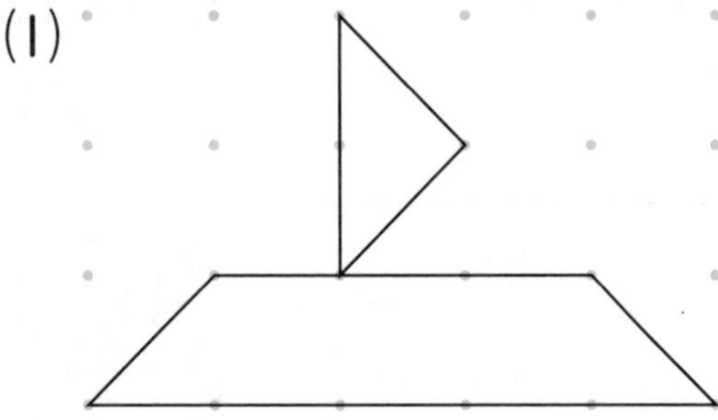

(2)

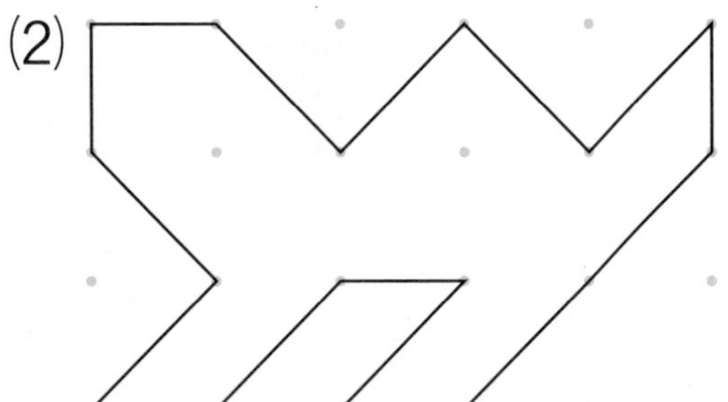

チャレンジテスト 2

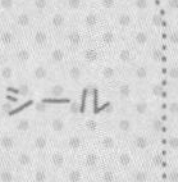

なまえ　1 年　くみ

こたえ→156 ページ　月　日

1 いちばん　ながい　テープは　どれですか。 (14 てん)

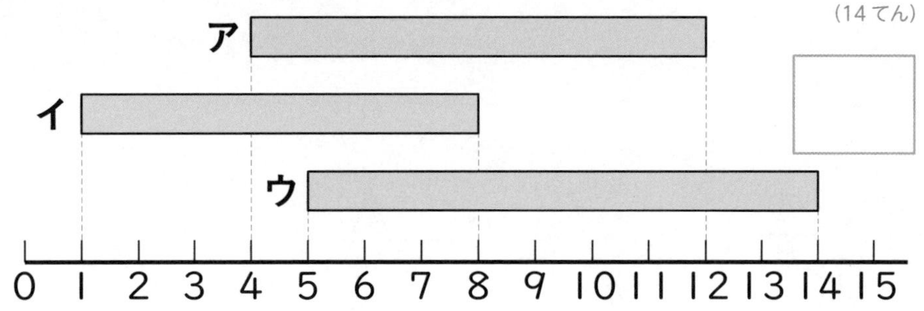

2 けいさんを　しましょう。 (30 てん) 1 つ 5

(1) 4＋8　　(2) 11－7

(3) 14－4　　(4) 10＋8

(5) 17－6　　(6) 7＋6

3 子(こ)どもが　9人(にん)，おとなが　6人　います。みんなで　なん人ですか。 (14 てん)

（しき）

（こたえ）□人

4 みかんが　17こ　あります。3人の　子どもで　9こ　たべると，なんこ　のこりますか。 (14てん)

（しき）

（こたえ）□こ

5 ちゃわんと　ゆのみに　いっぱい　入(い)れた　水(みず)を，おなじ　コップに　入れると，㋐と　㋑のように　なりました。ちゃわん，ゆのみ，コップの　中(なか)で，いちばん　大(おお)きいのと　小(ちい)さいのは　どれですか。 (28 てん) 1 つ 14

大［　　　　］　小［　　　　］

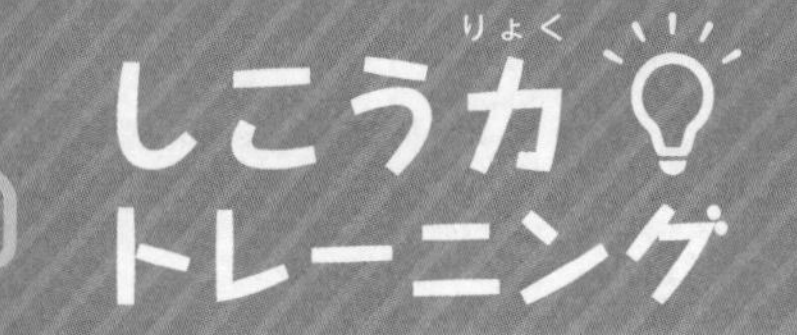

さんすう⑳

大小かんけい ②

こたえ→156 ページ　月　日

もんだい　大きい　ほうから　3ばん目の　かたちの　ばんごうに　○を　つけましょう。

目ひょうじかん　2ふん

(1)

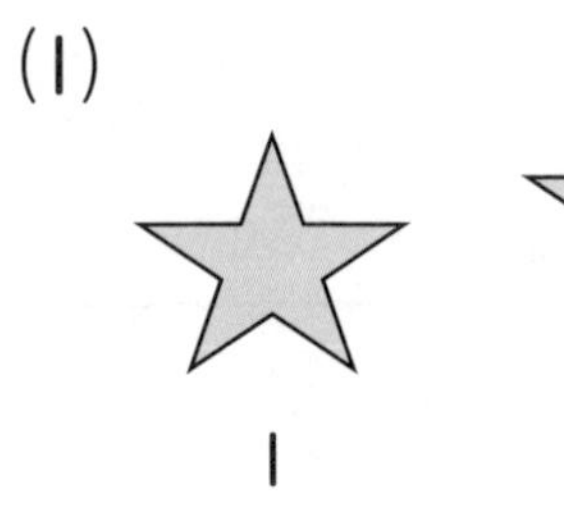

1　2　3　4　5

それぞれ　5つ　あるから，
小さい　ほうからも　3ばん目に
なるね。

(2)

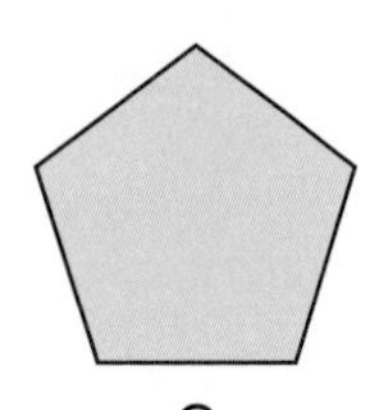
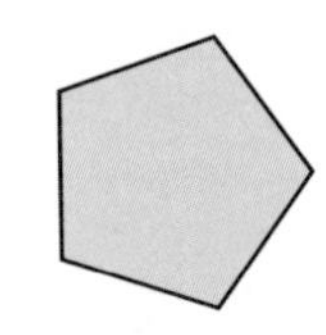
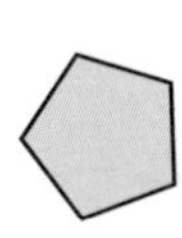

1　2　3　4　5

『パズル道場（トレーニングⅠ）』（受験研究社）

3つの かずの けいさん

シール

なまえ 1年 くみ

こたえ→156ページ 月 日

じかん 15ふん　ごうかく 80てん　とくてん てん

1 ぜんぶで いくつですか。すう字(じ)，＋，＝を □に かいて，しきを つくりましょう。(10てん)

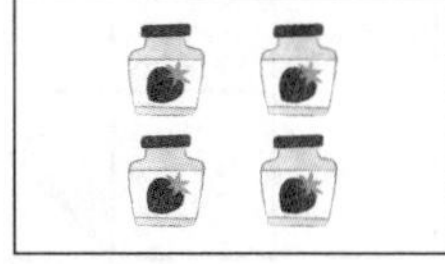
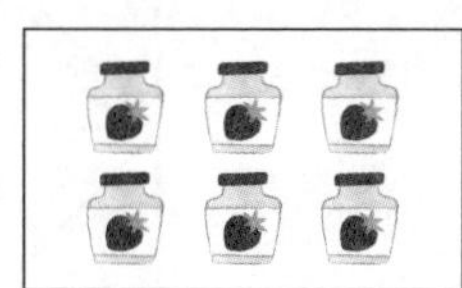
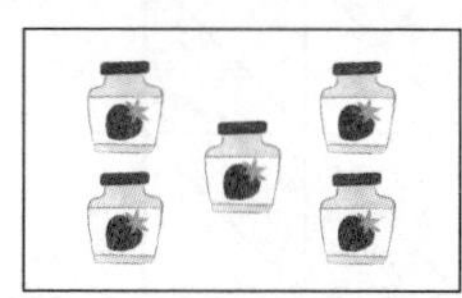

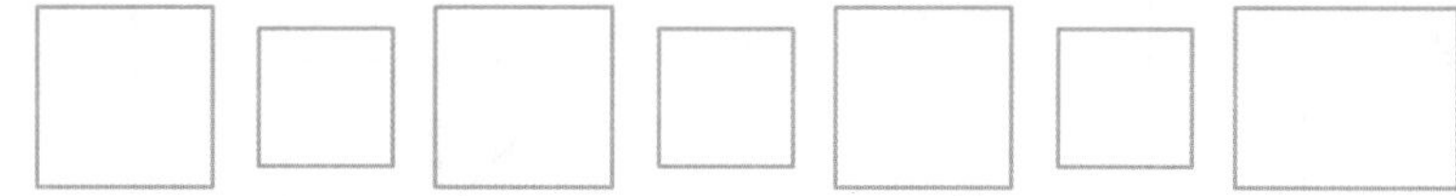

2 けいさんを しましょう。(30てん) 1つ5

(1) 3＋1＋4　(2) 6＋4＋5

(3) 9－6－2　(4) 15－5－5

(5) 9－6＋5　(6) 7＋3－5

3 こたえが 10に なるように，□に かずを 入(い)れましょう。(20てん) 1つ10

(1) 5＋□＋1　(2) 2＋8＋□

チャレンジ

4 こたえが 5に なるように，□に かずを 入れましょう。(20てん) 1つ10

(1) 10－3－□　(2) □－2＋4

5 バスに 5人(にん) のって います。ていりゅうじょで 3人 おりました。あとから 5人 のって きました。バスに のって いる 人(ひと)は なん人に なりましたか。(10てん)

(しき)

(こたえ) □人

6 あめが 13こ ありました。わたしが 3こ，いもうとが 5こ たべました。のこりは なんこですか。(10てん)

(しき)

(こたえ) □こ

いろいたの　かず ②

こたえ→157ページ　月　日

もんだい　いろいたの　かずを
かぞえましょう。

目ひょうじかん　3ぷん

(1)
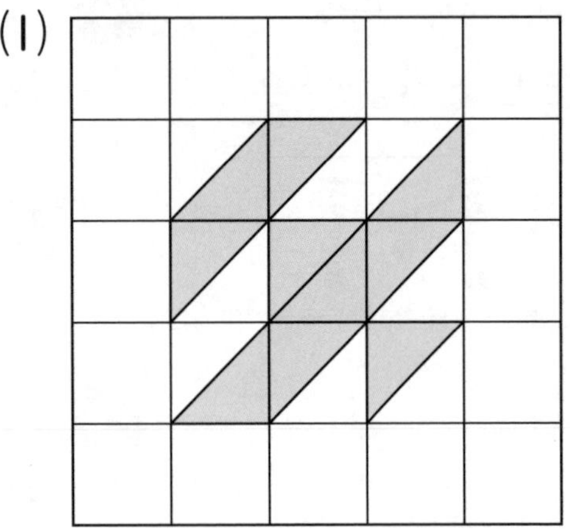

[　　　]まい

(2)
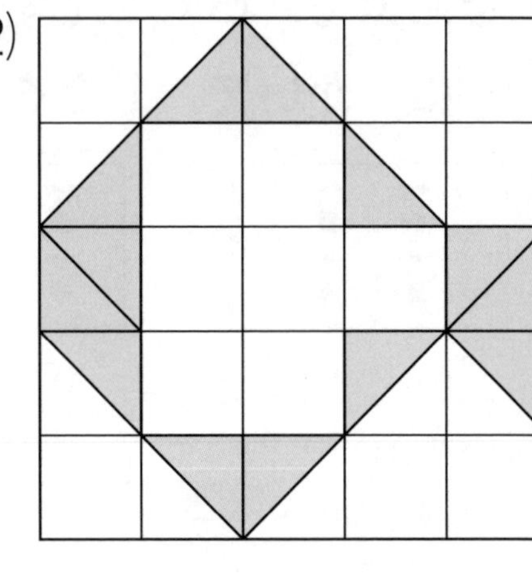

[　　　]まい

(3)
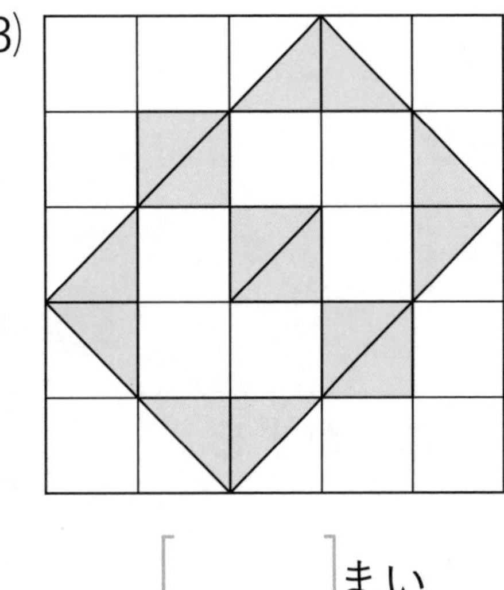

[　　　]まい

(4)
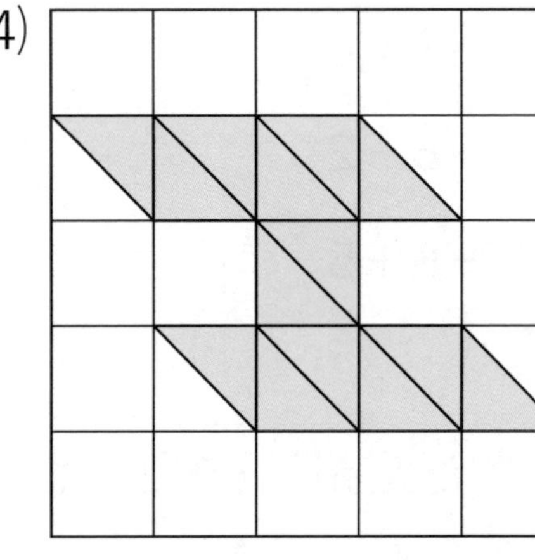

[　　　]まい

大きい　かず　①

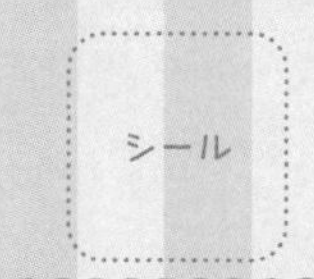

なまえ　1 年　くみ

さんすう　せいかつ　こくご　こたえ

1 いくつ　ありますか。□に　かきましょう。

(20 てん) 1 つ 10

(1)　(2)

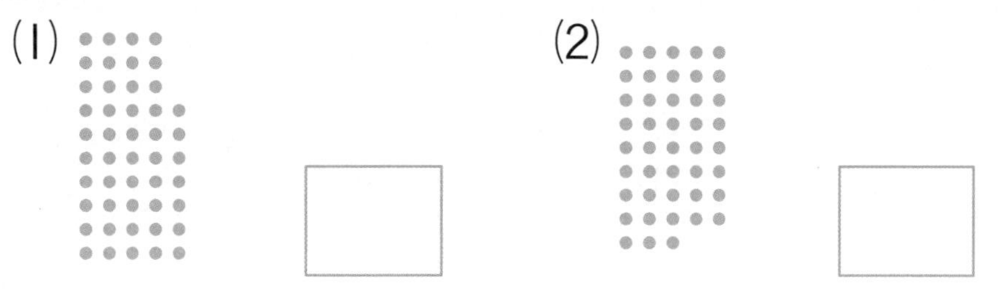

2 つぎの　かずを　かきましょう。(30 てん) 1 つ 6

(1) 10を　5つ　あつめた　かず　[　　]

(2) 十のくらいが　3で，一のくらいが　7　[　　]

(3) 一のくらいが　5で，十のくらいが　6　[　　]

(4) 50 より　5　大きい　かず　[　　]

(5) 87 より　4　小さい　かず　[　　]

3 大きい　じゅんに　ならべましょう。(10 てん)

87, 85, 88, 86

[　　,　　,　　,　　]

4 □に　あてはまる　かずを　かきましょう。

(25 てん) 1 つ 5

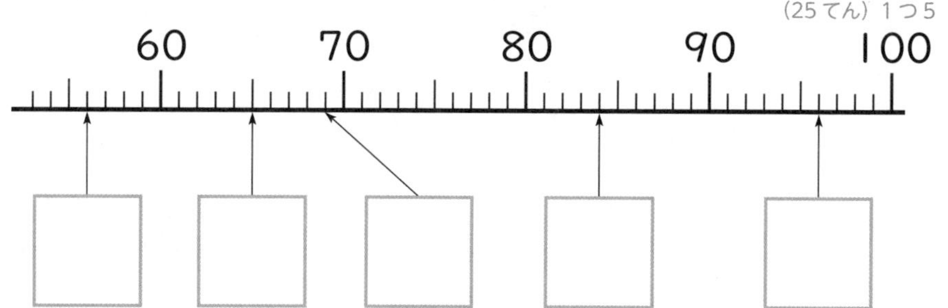

5 □に　あてはまる　かずを　かきましょう。

(15 てん) 1 つ 5

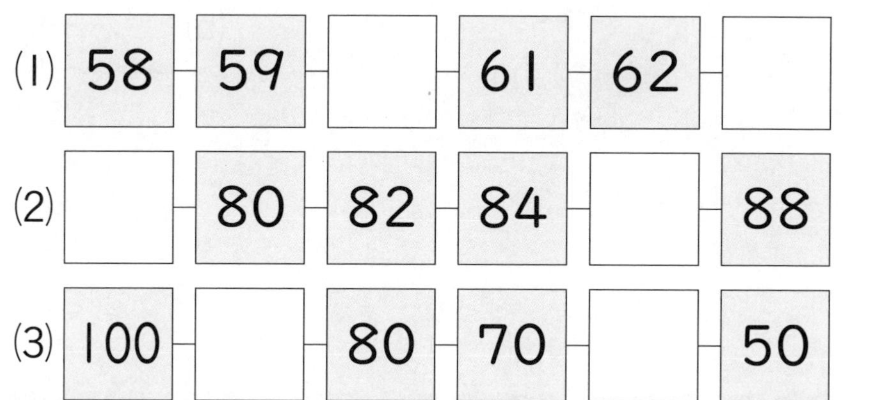

けいさんパズル（おなじ すう字（じ）の たしざん）②

こたえ→157ページ

月　日

もんだい　□に　あてはまる　おなじ　すう字（じ）を　かきましょう。

目ひょうじかん　5ふん

(1) □＋□＋□＝3

(2) □＋□＋□＝9

(3) □＋□＋□＝12

(4) □＋□＋□＝18

(5) □＋□＋□＝21

(6) □＋□＋□＝24

3つ　おなじ　すう字を
たすんだよ。

大きい　かず　②

シール

なまえ　1年　くみ

こたえ→157ページ　月　日

じかん 20ぷん　ごうかく 80てん　とくてん　てん

1 10円の　お金が　7こと，1円の　お金が　2こ　あります。みんなで　なん円ですか。(10てん)

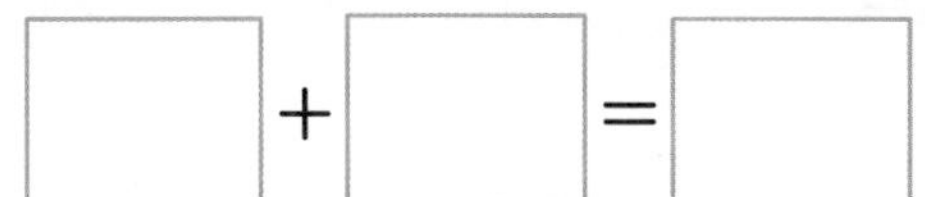

(こたえ)　□円

2 たしざんを　しましょう。(30てん) 1つ5

(1) 30＋40　(2) 80＋20

(3) 90＋9　(4) 73＋3

(5) 32＋6　チャレンジ (6) 55＋30

3 よし子さんは，いろがみを　8まい　もって　いました。きょう　20まい　かいました。ぜんぶで　なんまいに　なりましたか。(10てん)

(しき)

(こたえ)　□まい

4 花が　36本　さいて　います。6本　きると，のこりは　なん本ですか。(10てん)

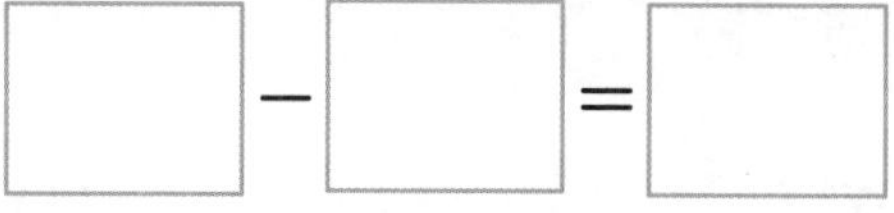

(こたえ)　□本

5 ひきざんを　しましょう。(30てん) 1つ5

(1) 70－20　(2) 100－50

(3) 67－7　(4) 48－5

(5) 49－40　チャレンジ (6) 82－70

6 80円　もって　いましたが，50円　つかいました。いくら　のこって　いますか。(10てん)

(しき)

(こたえ)　□円

かたちづくり（かがみ）②

こたえ→157 ページ

月　日

もんだい　まん中(なか)の　ふとい　せんで　おったとき，ぴったりと　あう　かたちを　右(みぎ)に　かきましょう。

目ひょうじかん　3 ぷん

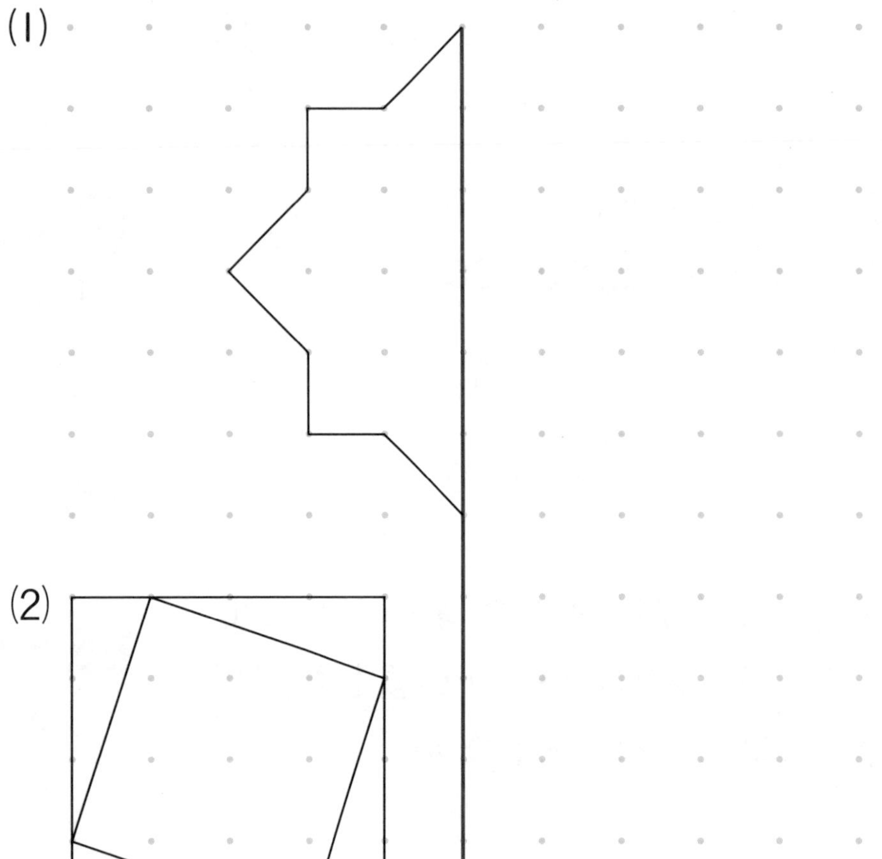

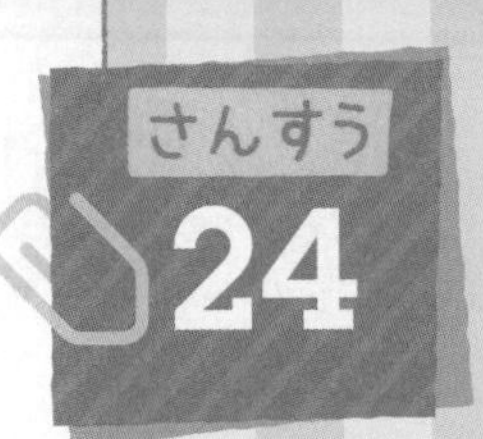

いろいろな　かたち

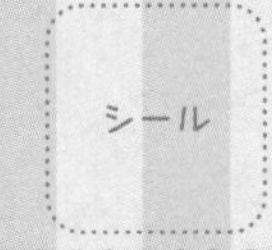

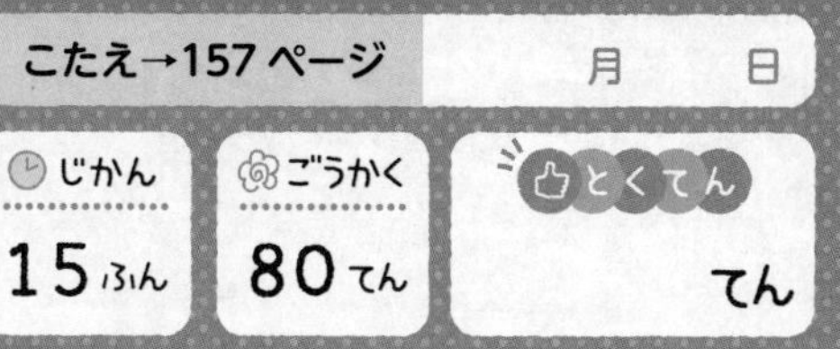

なまえ　1 年　くみ

1 よく　にた　かたちを，——で　つなぎましょう。(40 てん) 1 つ 8

　●　　●　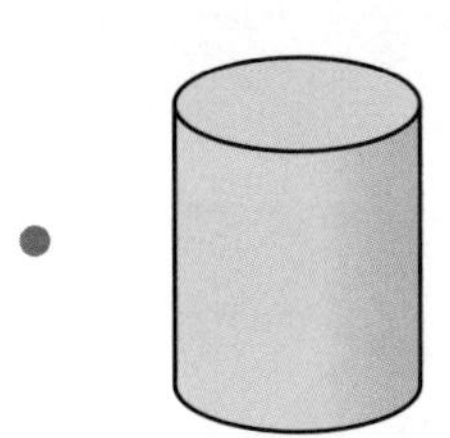

　●　　●　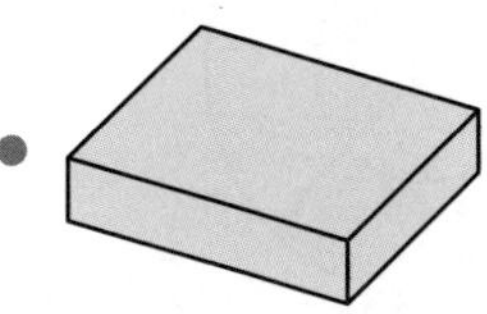

　●　　●　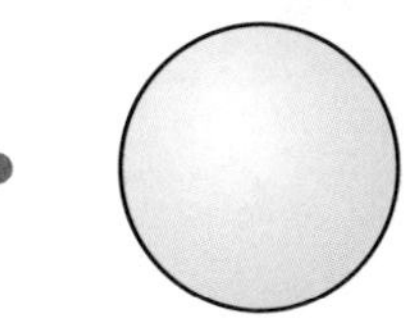

　●　　●　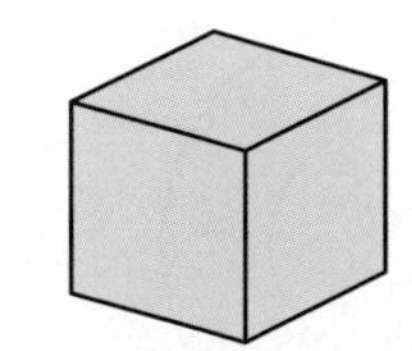

　●　　●　

2 かたちの　なまえを　かきましょう。(30 てん) 1 つ 10

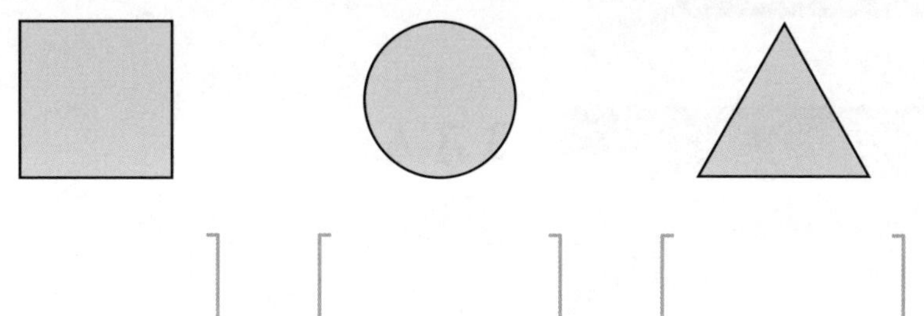

[　　　]　[　　　]　[　　　]

3 いろいろな　かたちが　あります。(30 てん) 1 つ 10

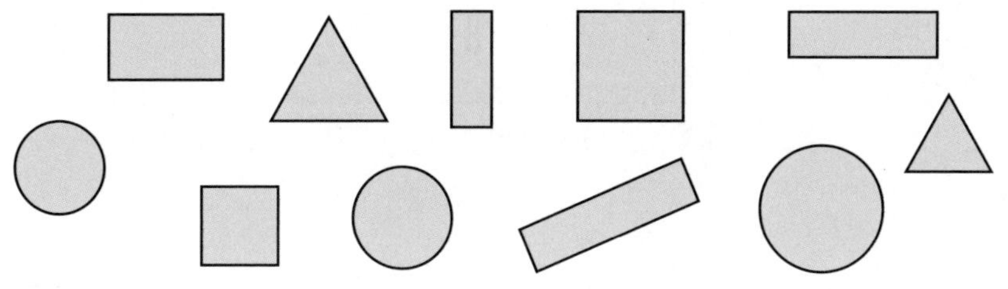

(1) さんかくは，いくつ
ありますか。　[　　　]つ

(2) しかくは，いくつ
ありますか。　[　　　]つ

(3) まるは，いくつ
ありますか。　[　　　]つ

どれと どれが おなじ ④

こたえ→157 ページ 月 日

もんだい ▢の 中(なか)と おなじ ものを みつけて，○を つけましょう。

目ひょうじかん 3ぷん

(1)

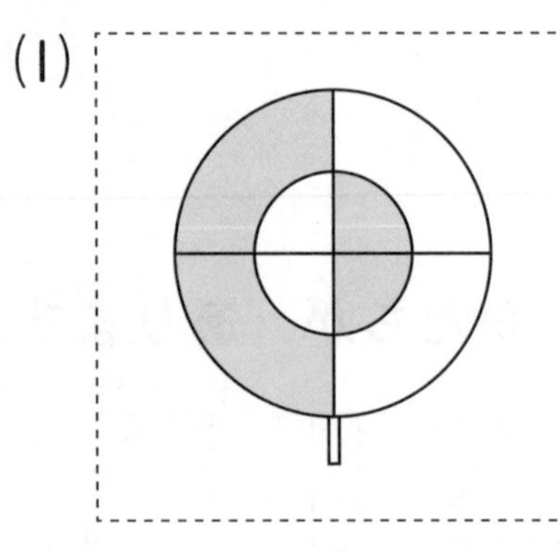

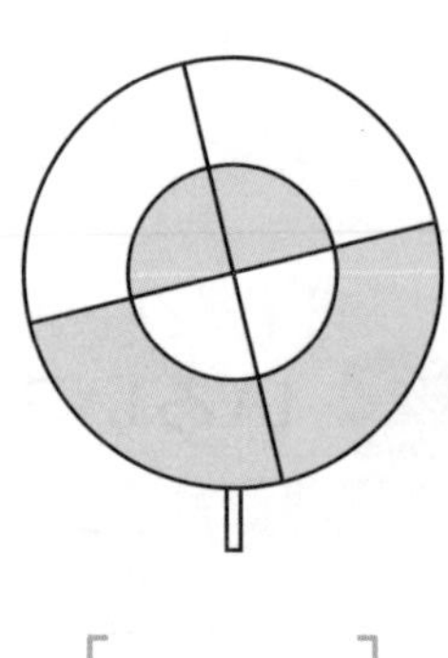
[ ]

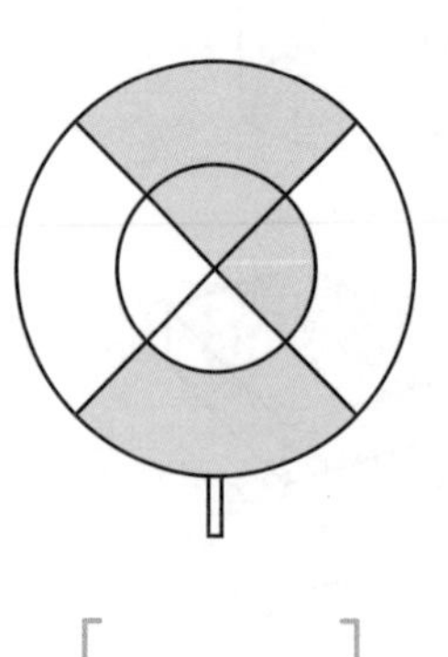
[ ]

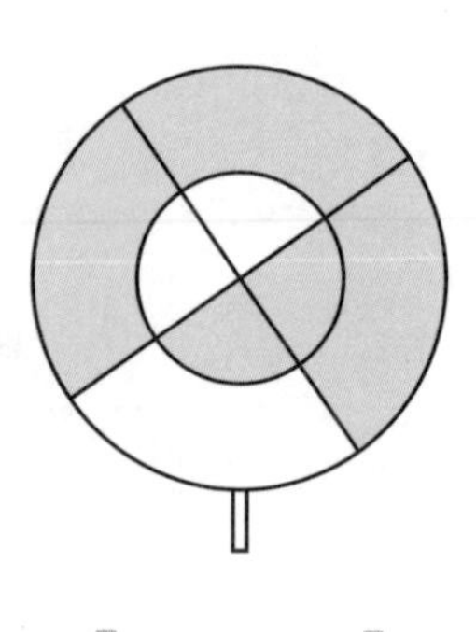
[ ]

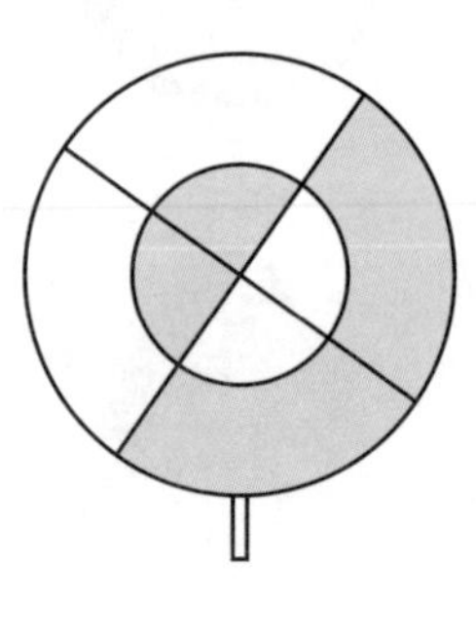
[ ]

(2)

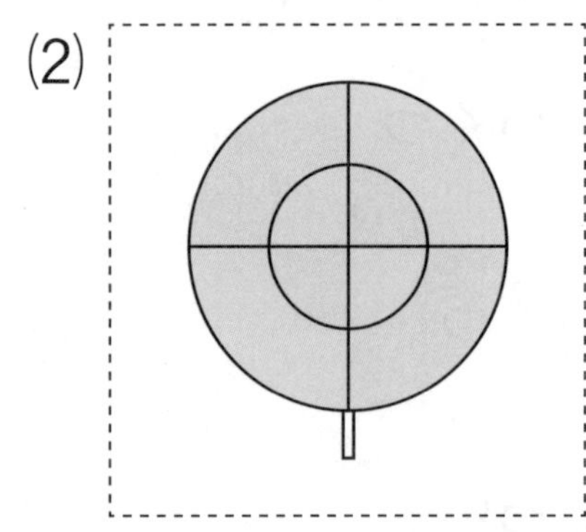

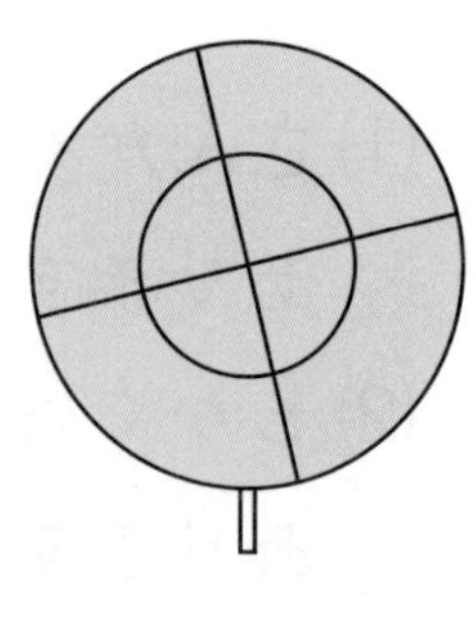
[ ]

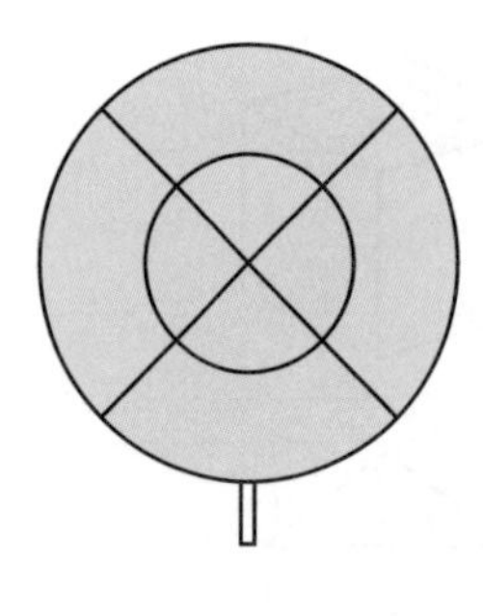
[ ]

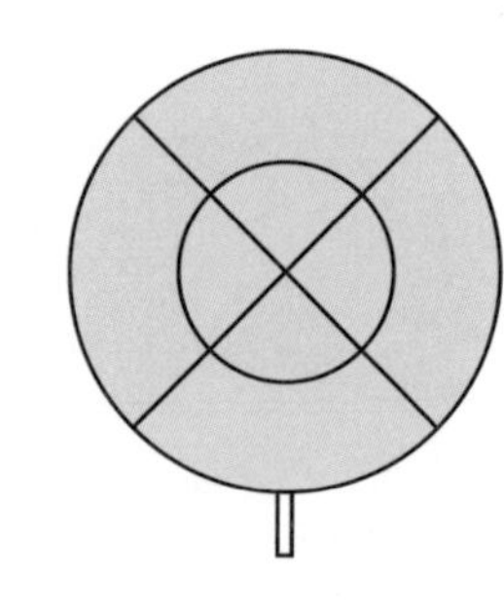
[ ]

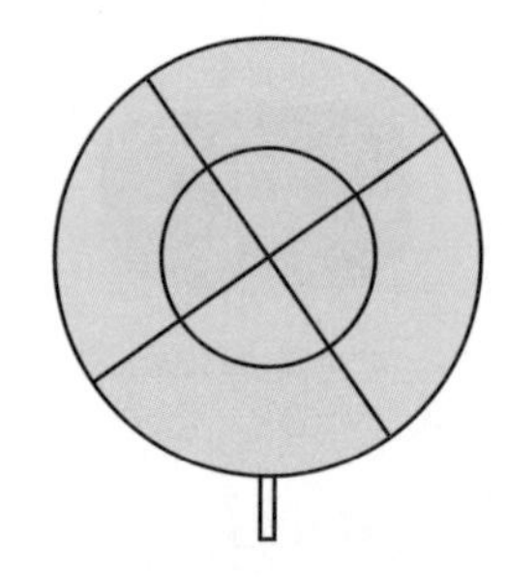
[ ]

かたちづくり

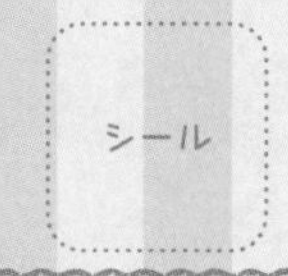

1 年　　くみ

なまえ

こたえ→157ページ　月　日

じかん 15ふん　ごうかく 80てん　とくてん　てん

さんすう　せいかつ　こくご　こたえ

1 ふでばこのような　つみ木(き)を　かみの　上(うえ)に　おいて，かたちを　うつしとりました。

(40てん) 1つ10

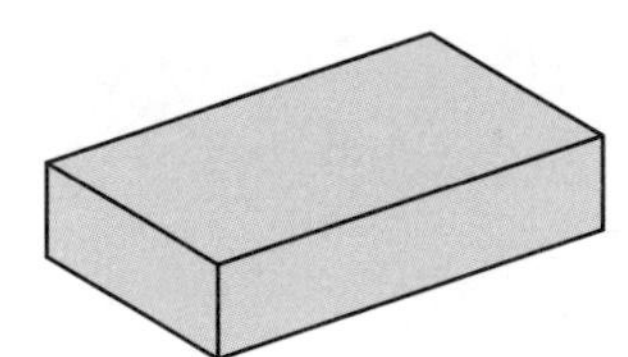

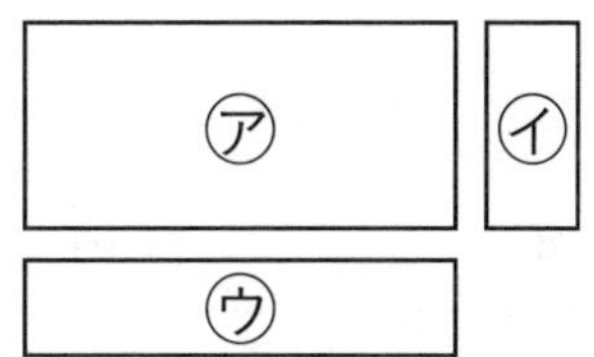

(1) ㋐と　まったく　おなじ　かたちは，いくつ　ありますか。

[　　　]つ

(2) ㋑と　まったく　おなじ　かたちは，いくつ　ありますか。

[　　　]つ

(3) ㋒と　まったく　おなじ　かたちは，いくつ　ありますか。

[　　　]つ

(4) ㋐から　㋒は，どんな　かたちと　いえますか。

[　　　]の　かたち

チャレンジ **2** △の　かたちが　なんまいで　できますか。ずに　——を　ひきましょう。△の　かずも　かきましょう。(60てん) 1つ12

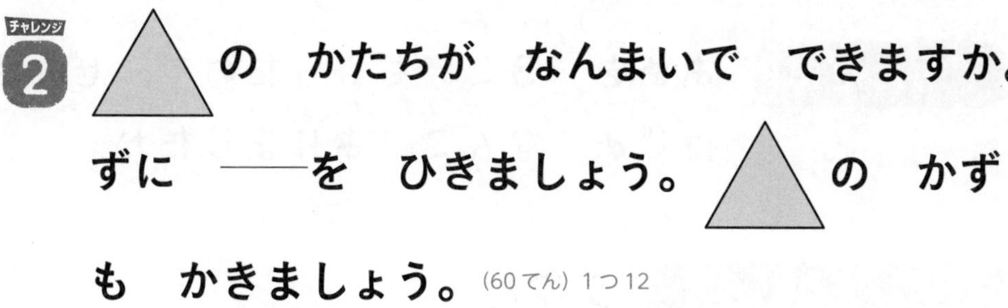

(1)

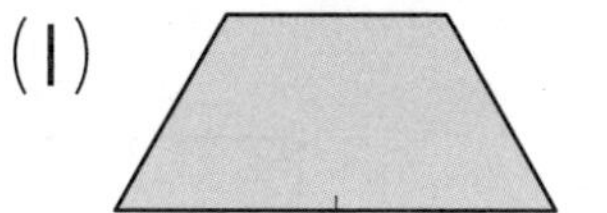

[　　　]まい

(2)

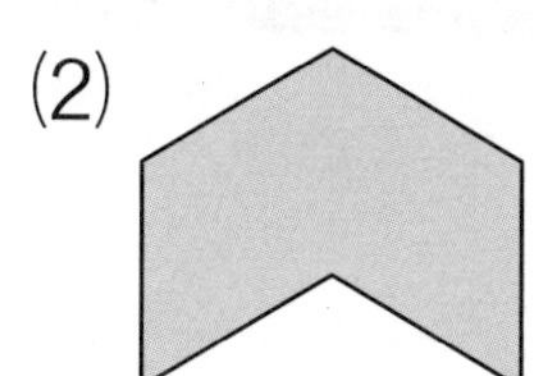

[　　　]まい

(3)

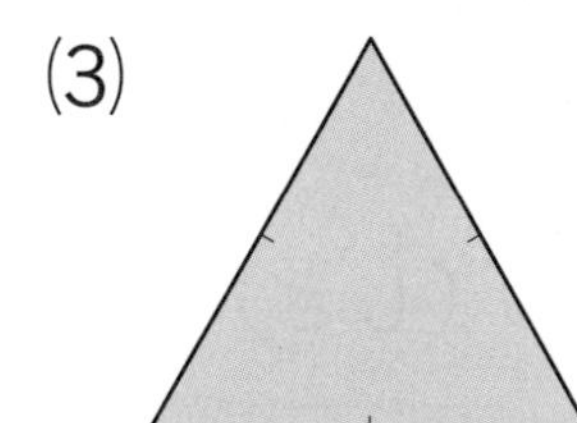

[　　　]まい

(4)

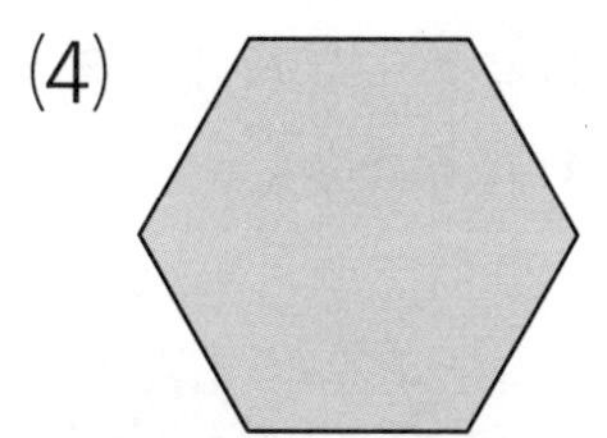

[　　　]まい

(5)

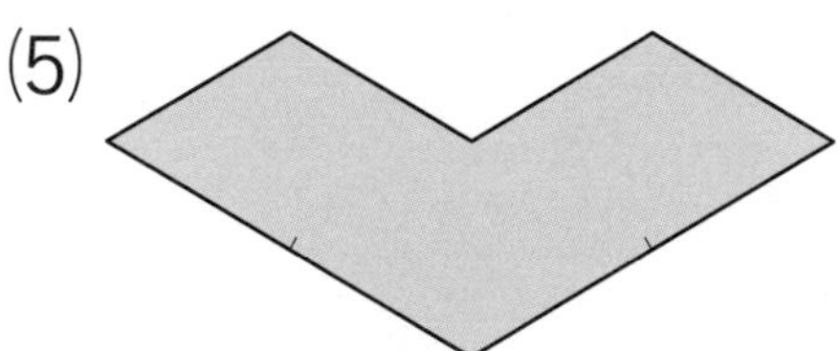

[　　　]まい

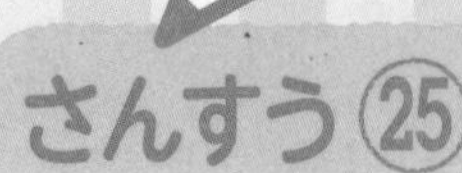

はじめは　いくつ ②

こたえ→158 ページ　月　日

もんだい　あめを　３こ　もらったので，ぜんぶで　８こに　なりました。
はじめ　なんこ　ありましたか。

目ひょうじかん　３ぷん

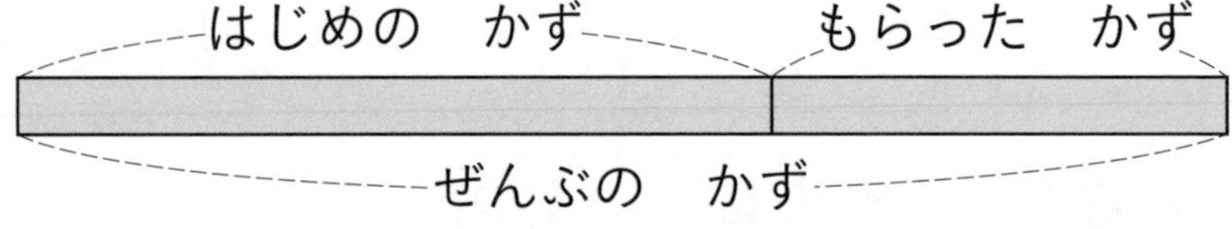

（ことばの　しき）

[　　] − [　　] = [　　]

（しき）

[　　] − [　　] = [　　]

（こたえ）[　　]

なにから　なにを　ひくと
はじめ　なんこ　あったか
わかるかな。

とけい ①

なまえ　1 年　　くみ

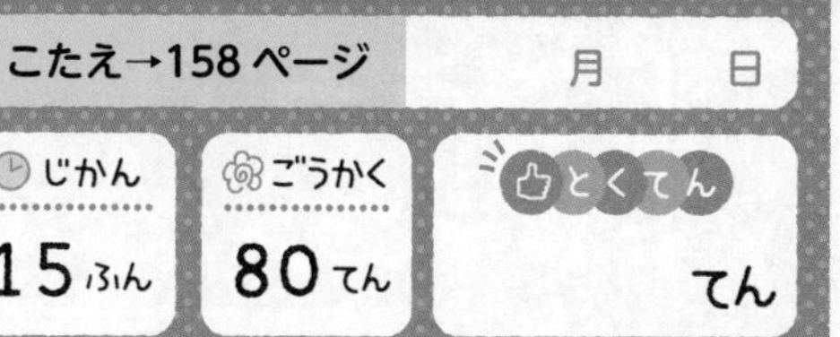

1 えと　とけいで，あう　ものを　――で　つなぎましょう。(40 てん) 1 つ 10

2 なんじですか。(30 てん) 1 つ 10

(1)

じ

(2)

じ

(3)

じ

3 なんじなんぷんですか。(30 てん) 1 つ 10

(1)

じ　　ぷん

(2)

じ　　ぷん

(3)

じ　　ぷん

しこう力トレーニング

さんすう㉖

つみ木の　かず ③

こたえ→158ページ

月　　日

もんだい　つみ木の　かずを　かぞえましょう。

目ひょうじかん　3ぷん

(1)

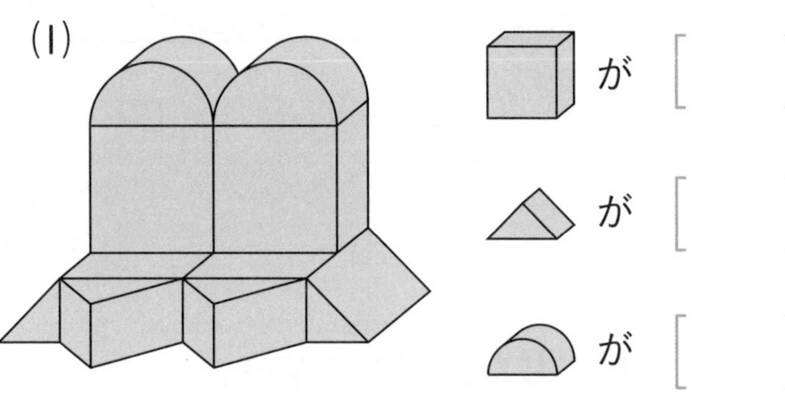

が〔　　〕つ

が〔　　〕つ

が〔　　〕つ

が〔　　〕つ

(2)

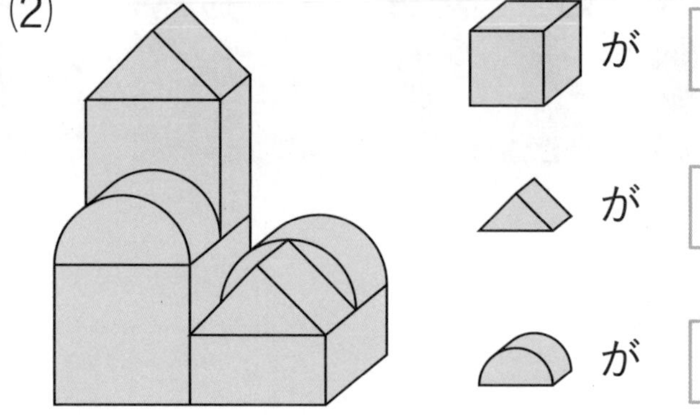

が〔　　〕つ

が〔　　〕つ

が〔　　〕つ

が〔　　〕つ

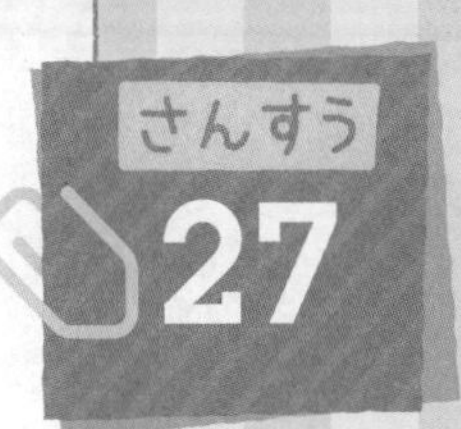

とけい ②

シール

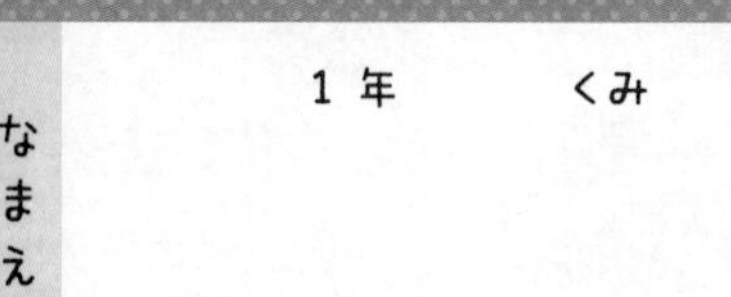

こたえ→158 ページ

1 なんじなんぷんですか。(18てん) 1つ6

(1) (2) (3)

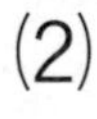

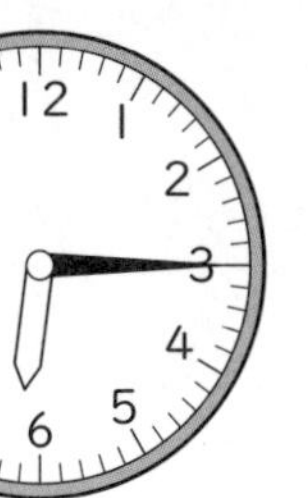

じ　ふん

じ　ぷん

じ　ぷん

2 たけしさんの　くらしに　あう　とけいを，せんで　むすびましょう。(24てん) 1つ6

おきる　ひるごはん　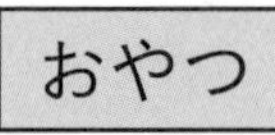おやつ　ねる

3 12じを　すこし　すぎた　とけいは，どちらですか。○を　つけましょう (8てん)

[　]

[　]

チャレンジ

4 とけいの　はりを　かき入(い)れましょう。

(50てん) 1つ10

(1) 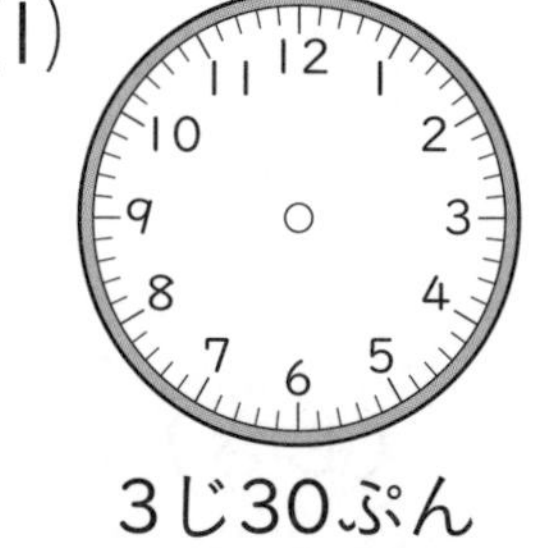
3じ30ぷん

(2) 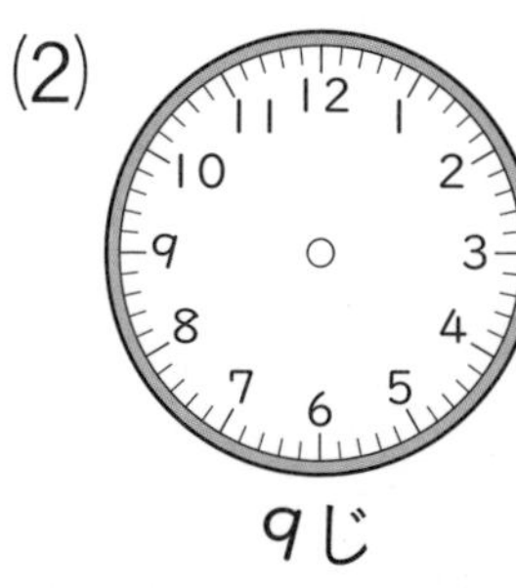
9じ

(3) 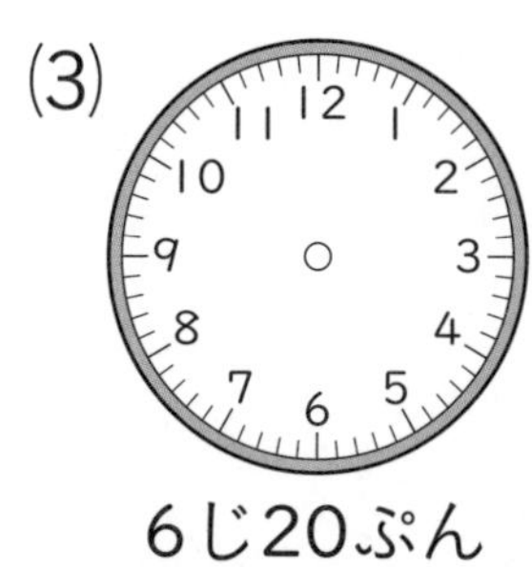
6じ20ぷん

(4) 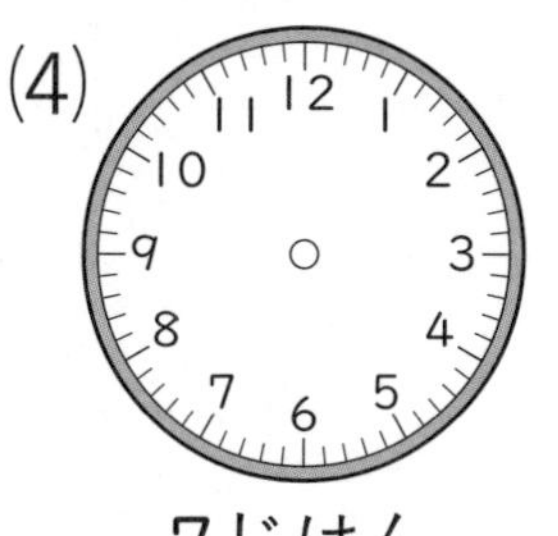
7じはん

(5) 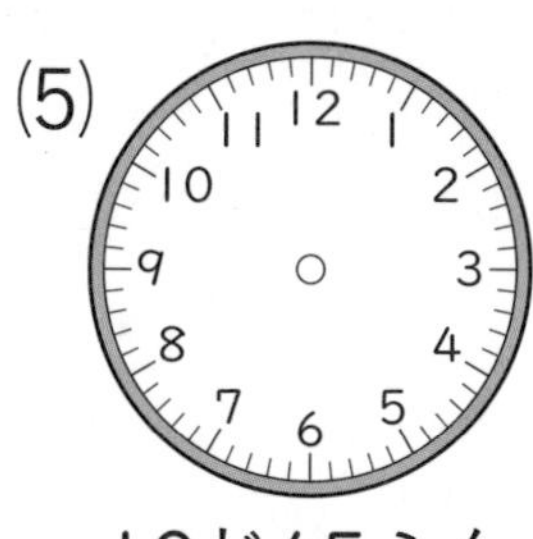
10じ45ふん

ちがいを　見（み）て ①

こたえ→158 ページ　月　日

もんだい　みかんが　８こ　あります。
りんごは，みかんより　４こ　おおく　あります。
りんごは　なんこ　ありますか。

目ひょうじかん　３ぷん

みかんの　かず
かずの
ちがい
りんごの　かず

（ことばの　しき）

□ ＋ □ ＝ □

（しき）

□ ＋ □ ＝ □

（こたえ）□

いろいろな　もんだい ①

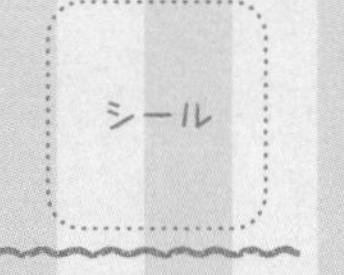

なまえ　1 年　くみ

こたえ→158 ページ　月　日

1 女(おんな)の子(こ)が　1れつに　ならんで　います。よしこさんは　うしろから　4ばん目(め)で，まえに　5人(にん)　います。(30 てん) 1つ15

(1) よしこさんは　まえから　なんばん目ですか。

□ばん目

(2) みんなで　なん人　いますか。

人

2 赤(あか)い　シールが　9まい　あります。きいろの　シールは，赤い　シールより　8まい　おおいです。きいろの　シールは　なんまい　ありますか。(20 てん)

（しき）

（こたえ）□まい

3 2れつに　ならんで　しゃしんを　とります。1れつ目に　6人，2れつ目は　1れつ目より　3人　おおく　ならんで　います。ぜんぶで　なん人　いますか。(20 てん)

（しき）

（こたえ）□人

4 10人が　えきで　ならんで　います。あきらさんの　うしろに，5人　ならんで　います。(30 てん) 1つ15

(1) あきらさんは　まえから　なんばん目ですか。

□ばん目

(2) あきらさんの　まえには　なん人　いますか。

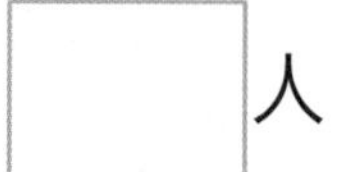
人

かたちづくり（かがみ）③

こたえ→158ページ　月　日

もんだい　まん中の　ふとい　せんで　おったとき，ぴったりと　あう　かたちを　右に　かきましょう。

目ひょうじかん　3ぷん

(1)

ふとい　せんから　左に　おなじ
てんの　かずだけ　右に　はなれた
てんを　つないで　いくよ。

(2)

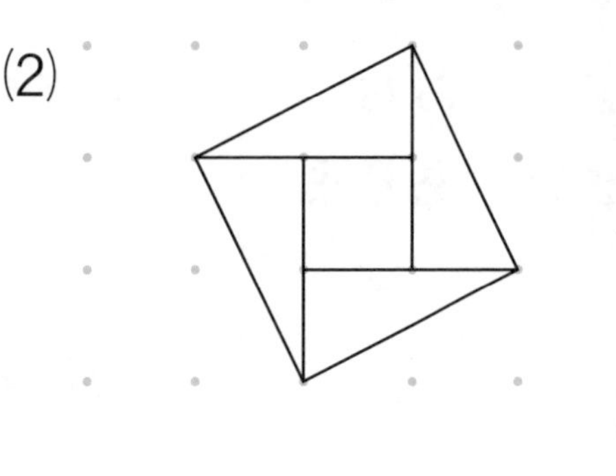

いろいろな　もんだい ②

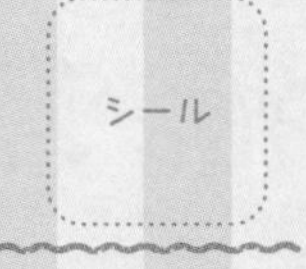

なまえ　1 年　くみ

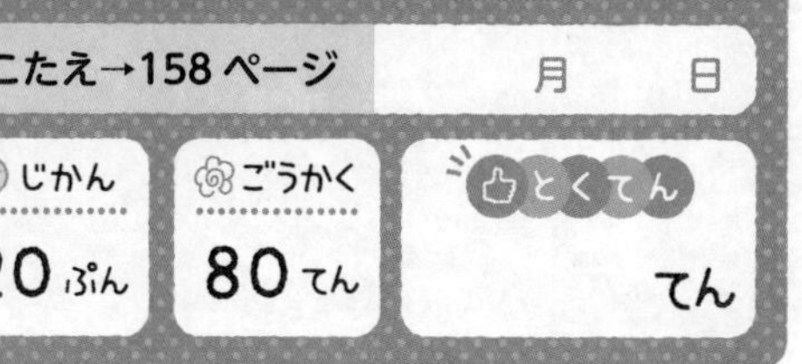

1 **りんごが　14こ　あります。かきは　りんごより　6こ　すくないです。かきは　なんこ　ありますか。** (15てん)

（しき）

（こたえ）□ こ

チャレンジ

2 **はこに，1から　100までの　ばんごうが　じゅんに　つけて　あります。**

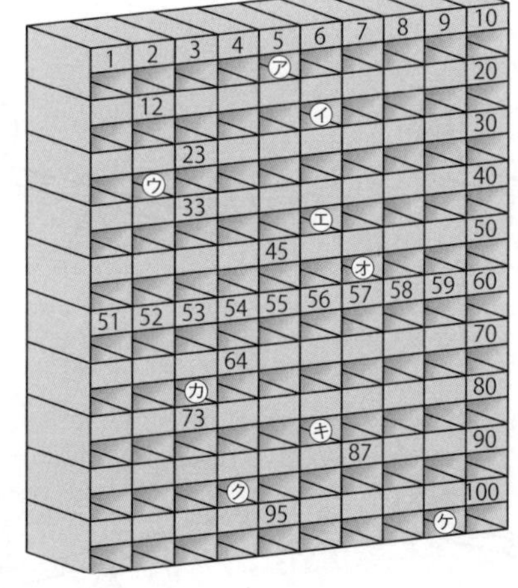

(1) ㋐〜㋘の　しるしの　ところは　なんばんですか。(45てん) 1つ5

㋐ □　㋑ □　㋒ □　㋓ □　㋔ □

㋕ □　㋖ □　㋗ □　㋘ □

(2) 53の　はこの　ばしょは，上(うえ)から　なんばん目(め)で　左(ひだり)から　なんばん目ですか。(8てん)

上から □ ばん目，左から □ ばん目

(3) 67の　はこの　ばしょは，下(した)から　なんばん目で　右(みぎ)から　なんばん目ですか。(8てん)

下から □ ばん目，右から □ ばん目

(4) ①〜③の　ばしょに　ある　はこは　なんばんですか。(24てん) 1つ8

①上から　4ばん目で，右から　3ばん目 □

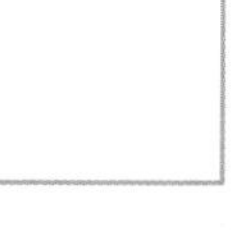

②下から　8ばん目で，左から　6ばん目 □

③下から　2ばん目で，右から　5ばん目 □

こたえ→158ページ

月　日

大小かんけい（てんびん）②

もんだい　○，△，□の 中で，いちばん おもい ものは どれですか。
○は 1，△は 2，□は 3と して すう字で かきましょう。

目ひょうじかん　3ぷん

(1)

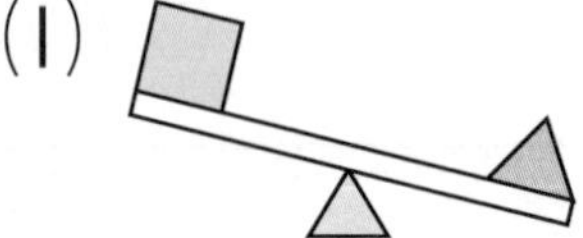

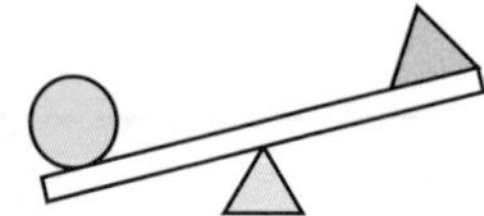

(2)

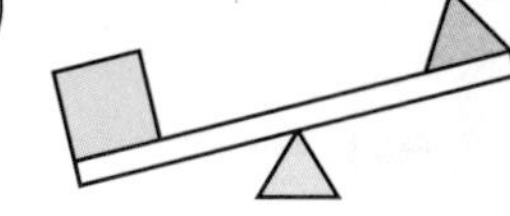

(3)

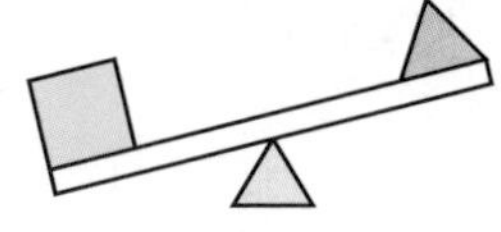

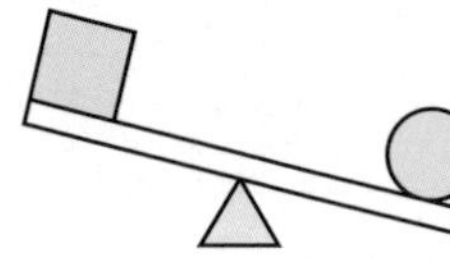

チャレンジテスト3

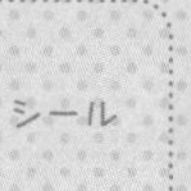

なまえ　1 年　　くみ

1 □に　あてはまる　かずを　かきましょう。

(20 てん) 1 つ 4

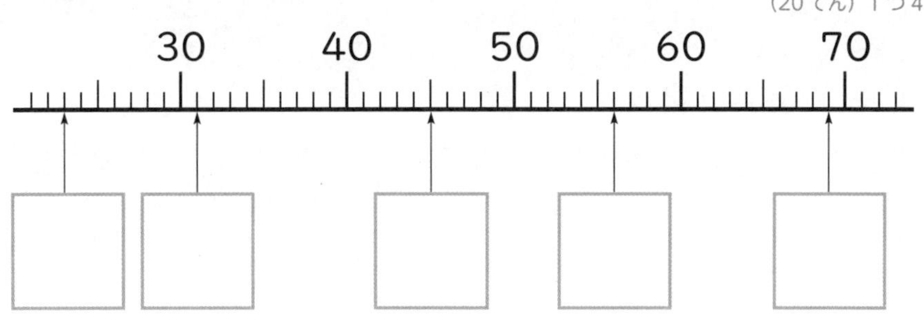

2 けいさんを　しましょう。(30 てん) 1 つ 5

(1) 8－5－2　　(2) 14－5＋2

(3) 70＋7　　(4) 46－3

(5) 48＋30　　(6) 69－5

3 花(はな)が　48本(ほん)　さいて　います。6本(ぽん)　とると　のこりは　なん本(ぼん)ですか。(8 てん)

（しき）

（こたえ）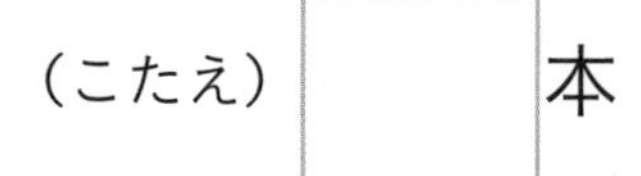本

4 □に　あてはまる　かずを　かきましょう。

(15 てん) 1 つ 5

(1) 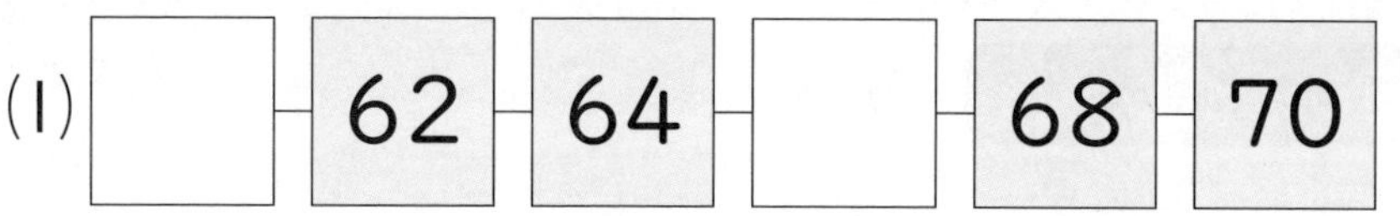

(2) 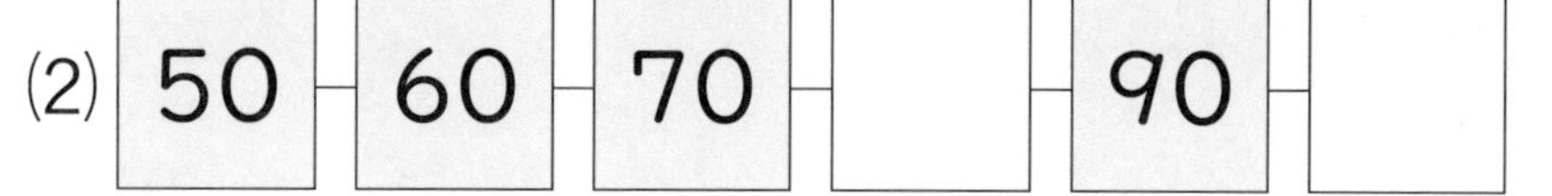

(3) 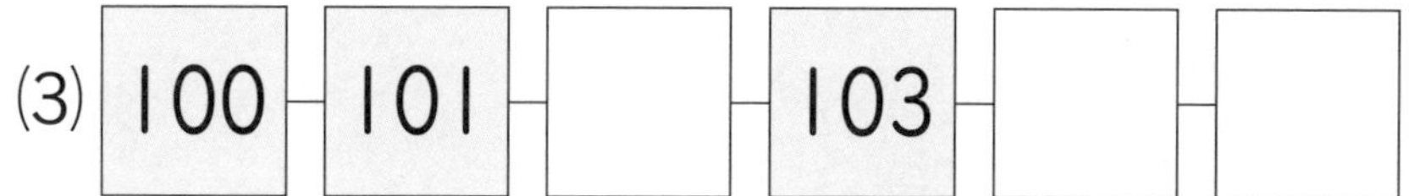

5 下(した)の　かたちは　◺が　なんまいで　できて　いますか。(27 てん) 1 つ 9

(1) 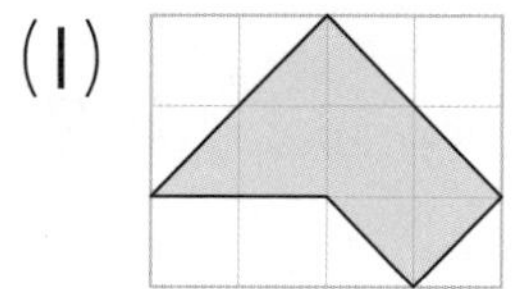

(2) 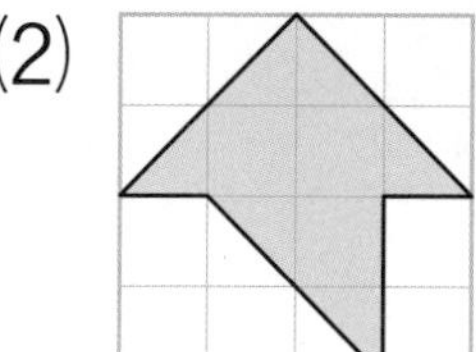

(3) 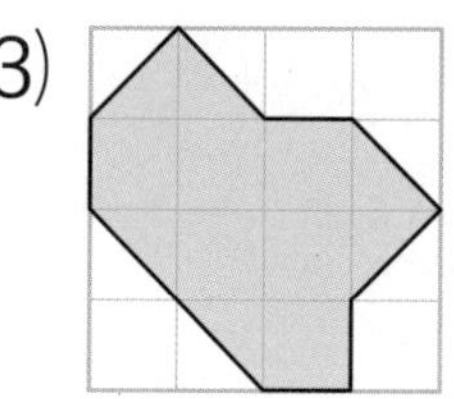

[　　]まい　[　　]まい　[　　]まい

けいさんパズル（＋と　－）②

こたえ→159ページ　月　日

もんだい　□に　あてはまる　＋や　－を　かきましょう。

目ひょうじかん　5ふん

(1) 9 □ 1 □ 2 ＝ 12

(2) 9 □ 1 □ 2 ＝ 6

(3) 9 □ 1 □ 2 ＝ 10

(4) 9 □ 1 □ 2 ＝ 8

まず　＋や　－を　入（い）れて
けいさん　して　みよう。

しあげテスト1

なまえ　1 年　くみ

こたえ→159 ページ　月　日

じかん 20ぷん　ごうかく 80てん

1 いくつ　あるか，かぞえましょう。 (16てん) 1つ8

(1) ［　　］こ

(2)  ［　　］本(ぽん)

2 □に　あてはまる　かずを　かきましょう。 (32てん) 1つ8

(1) 100より　1　小(ちい)さい　かずは，□

(2) 10が　□　こと　1が　10こで　70

(3) 37は　30より　□　大(おお)きい。

(4) 76 － □ － 80 － 82 － □ － □

3 けいさんを　しましょう。 (30てん) 1つ5

(1) 8＋8　(2) 15－9

(3) 7＋4　(4) 14－8

(5) 6＋4　(6) 11－3

4 あきらさんたちは，こうえんで，はじめ　7人(にん)で　あそんで　いました。いまは，16人に　なって　います。なん人　ふえましたか。 (11てん)

(しき)

(こたえ) □人

5 12この　あめ玉(だま)が　ありました。7人の　子(こ)どもに　1こずつ　あげました。あめ玉は　あと　なんこ　のこって　いますか。 (11てん)

(しき)

(こたえ) □こ

おなじ　かたちの　つみ木（き）の　かず ③

こたえ→159ページ　月　日

もんだい　おなじ　かたちの　つみ木（き）を　ならべました。
つみ木の　かずを　かぞえましょう。

目ひょうじかん　3ぷん

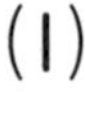
(1)
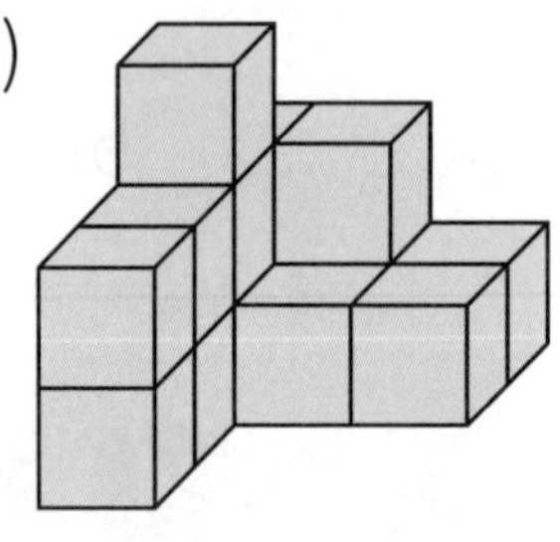

[　　　]こ

(2)
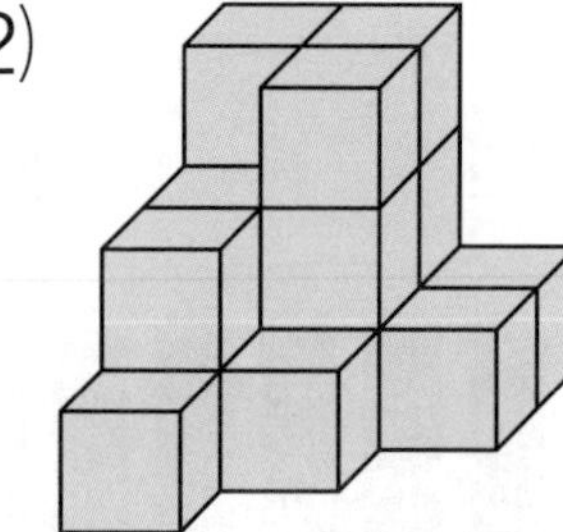

[　　　]こ

(3)
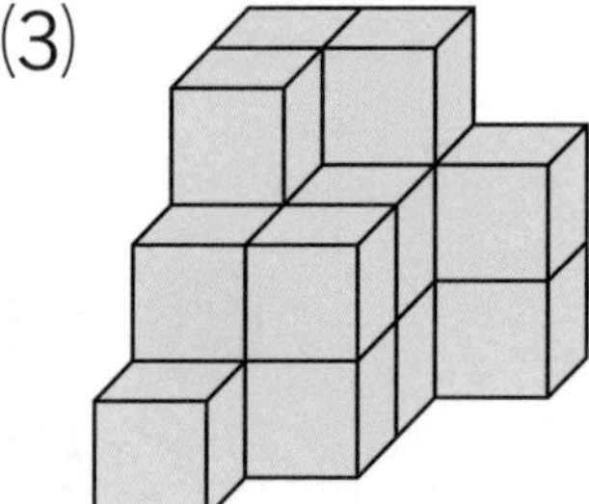

[　　　]こ

(4)
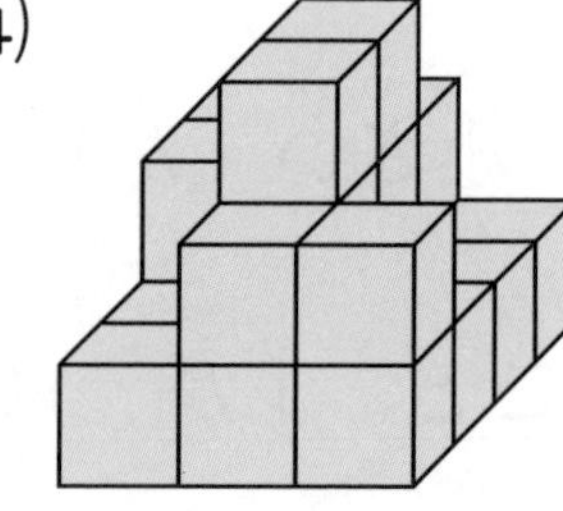

[　　　]こ

しあげテスト2

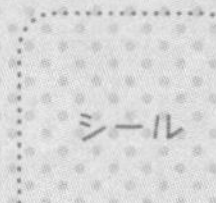

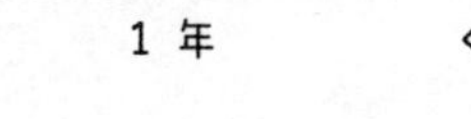

なまえ　1年　くみ

こたえ→159ページ　月　日

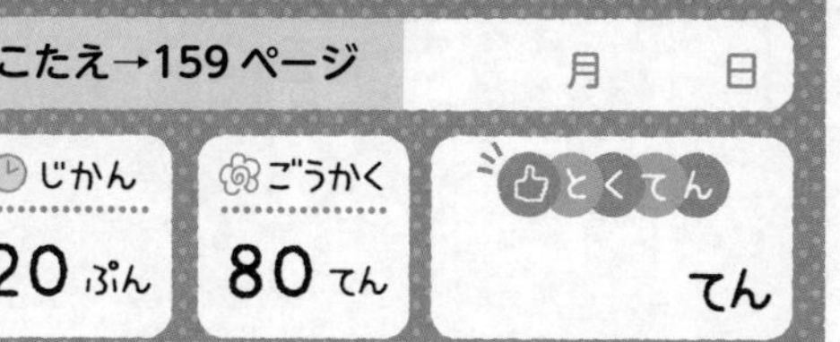

1 **おなじ　ふとさの　つつに，ひもが　まきつけて　あります。** (22てん) 1つ11

(1) ひもが　いちばん　ながいのは　□の　つつ。

(2) ひもが　いちばん　みじかいのは　□の　つつ。

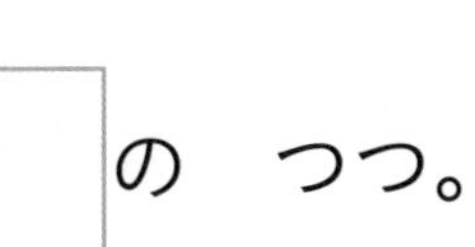

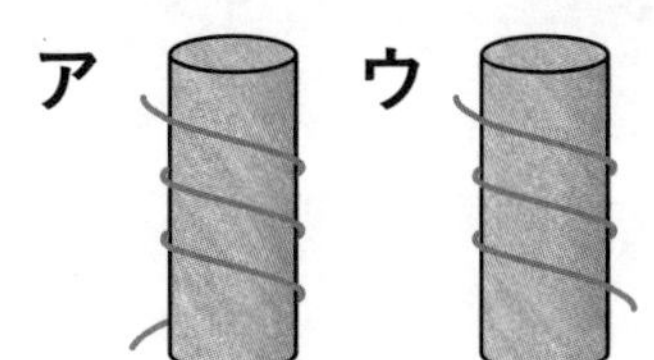

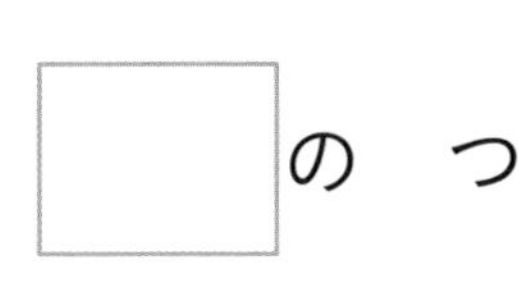

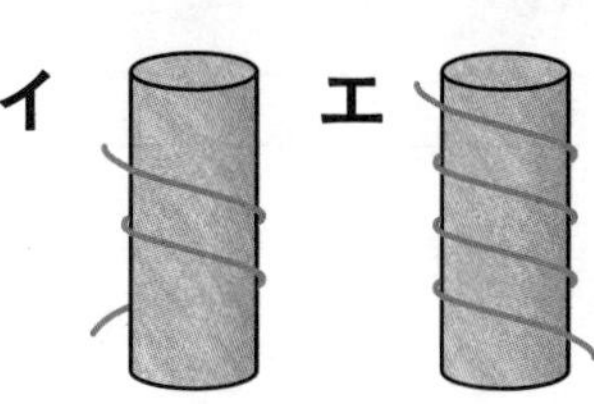

2 **けいさんを　しましょう。** (30てん) 1つ5

(1) 7＋4＋3　　(2) 10＋5－9

(3) 11－3＋2　　(4) 18－8－2

(5) 9－5＋8　　(6) 16－9－6

3 **つぎの　とけいは　なんじなんぷんですか。** (24てん) 1つ8

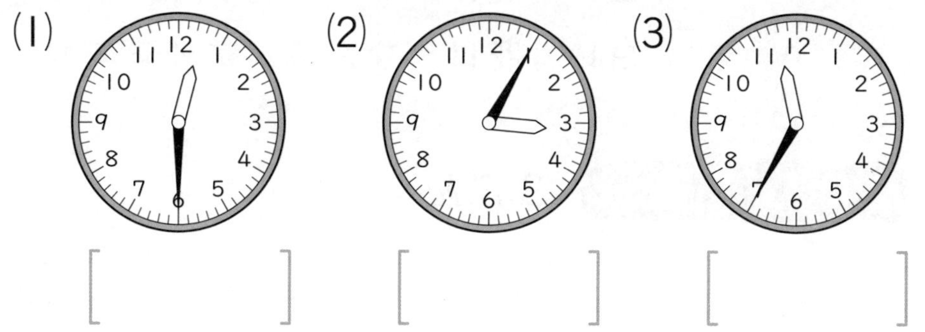

[　　]　[　　]　[　　]

4 **赤い　かさが　8本，青い　かさが　3本，きいろい　かさが　6本　あります。** (24てん) 1つ12

(1) 青い　かさは，赤い　かさより，なん本　すくないですか。

(しき)

(こたえ)　□本

(2) かさは　ぜんぶで　なん本　ありますか。

(しき)

(こたえ)　□本

こたえ→159ページ　月　日

ちがいを 見て ②

もんだい　にわに，赤い 花が 13本 あります。
白い 花は，赤い 花より 6本 すくないそうです。
白い 花は なん本 ありますか。

目ひょうじかん　3ぷん

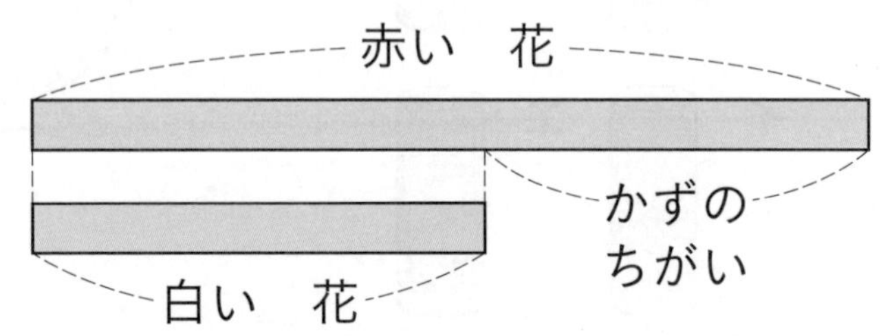

ずを 見て わかる ところから
入れて いこう。

（ことばの しき）

□ − □ ＝ □

（しき）

□ − □ ＝ □

（こたえ）□

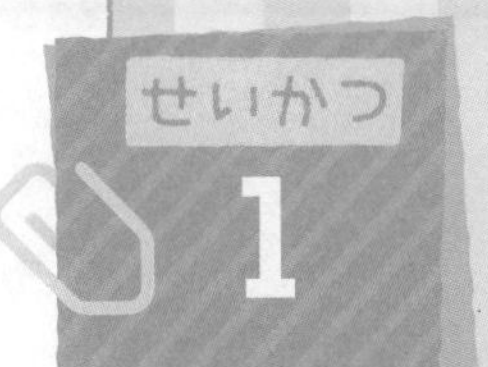

ともだち　いっぱい

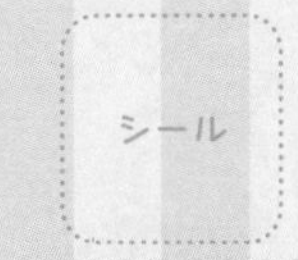

なまえ　1 年　くみ

こたえ→159 ページ　月　日

1 [　]に　いちばん　あって　いる　ことばを □ から　えらんで　かきましょう。ことばは　1かいずつしか　つかえません。(30てん) 1つ6

(1) あさ [　　　　] に　いく。

(2) たんにんの [　　　　] に　あいさつを　する。

(3) がっきゅうの [　　　　] と　いっしょに　べんきょうを　する。

(4) がっこうから　かえる　ときは [　　　　] と　いう。

(5) 2ねんせいは [　　　　] だ。

せんせい	じょうきゅうせい
ともだち	さようなら
がっこう	

チャレンジ

2 ことばの　つかいかたが　ただしい　ものを　えらんで　[　]に　○を　つけましょう。(70てん) 1つ10

(1) なまえを { かく。[　] / する。[　] }

(2) ゆうぐで { かえる。[　] / あそぶ。[　] }

(3) うたを { うたう。[　] / はなす。[　] }

(4) えを { きく。[　] / かく。[　] }

(5) こうていを { はしる。[　] / ならう。[　] }

(6) ほんを { よむ。[　] / のむ。[　] }

(7) きゅうしょくを { つなぐ。[　] / たべる。[　] }

かだんの　ぬりえ

こたえ→159ページ　月　日

もんだい　はるの　かだんの　ようすです。はなに　いろを　ぬりましょう。

目ひょうじかん　10ぷん

はなの　いろを　よく　みてみよう！

がっこう　だいすき

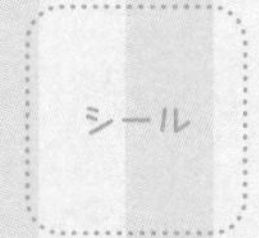

なまえ　1 年　　くみ

1 **がっこうに　ある　へやの　えに　○を　つけましょう。** (60 てん) 1 つ 15

ほけんしつ　[　　]　　しょくいんしつ　[　　]　　おんがくしつ　[　　]

いま　[　　]　　としょしつ　[　　]　　しゅじゅつしつ　[　　]

チャレンジ

2 **がっこうで　して　いい　ことに　○を，しては　いけない　ことに　×を　つけましょう。** (40 てん) 1 つ 10

(1) じゅぎょうちゅうに　そとで　さわぐ

[　　]

(2) ろうかを　はしる

[　　]

(3) はいっては　いけない　へやに　はいる

[　　]

(4) あいさつを　する

[　　]

まちがい　さがし

こたえ→159ページ　月　日

もんだい　みぎの　えを　みて　ひだりの　えと　ちがう　ところに　○を　つけましょう。

目ひょうじかん　5ふん

ちがいは　3つ　あるよ。

がっこうの　いきかえり

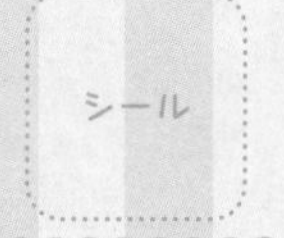

なまえ　1 年　くみ

こたえ→159 ページ　月　日

じかん 15 ふん　ごうかく 80 てん　とくてん　てん

1 がっこうの　いきかえりで　しては　いけない　ことに　×を　つけましょう。(40 てん)

しんごうを　むしする　[　　]

ほどうを　あるく　[　　]

よりみちを　しない　[　　]

あいさつを　する　[　　]

チャレンジ

2 つうがくろで，あんぜんに　きを　つけて　いる　ものに　○を　つけましょう。(60 てん) 1 つ 20

(1)

[　　]

(2)

[　　]

(3)

[　　]

(4)

[　　]

こたえ→159ページ

月　日

みぢかなもの　つなぎ

もんだい　ことばと　かんけいが　ある　ものを　せんで　むすびましょう。

目ひょうじかん　5ふん

てがみ　　こうえん　　おうだんほどう　　やおや

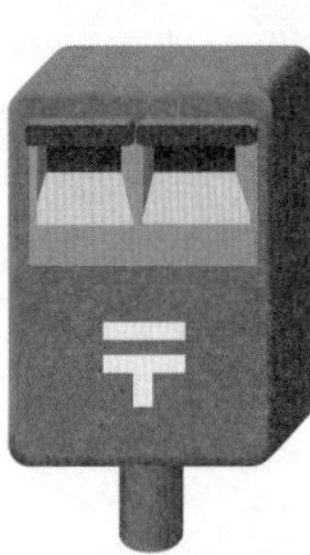

こうえんに　いこう

なまえ　1 年　　くみ

1 つぎの　こうえんに　ある　ものの　なまえを　あとの　ア～カから　１つずつ　えらんで，きごうで　かきましょう。(60 てん) 1 つ 10

(1) 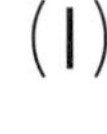   
［　　］

(2)
［　　］

(3) 

［　　］

(4) 
［　　］

(5) 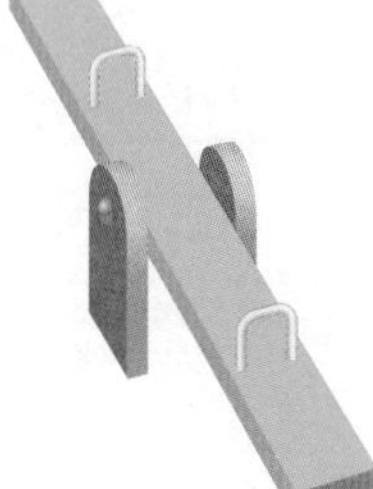
［　　］

(6) 
［　　］

ア すべりだい	**イ** ぶらんこ	**ウ** とけい
エ べんち	**オ** しいそお	**カ** といれ

2 こうえんの　つかいかたで　ただしい　えに　○を　つけましょう。(40 てん)

うしろから　おす　［　　］

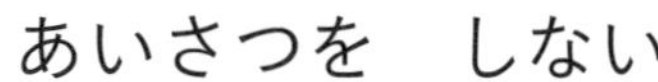

ごみは　ごみばこに　すてる　［　　］

あいさつを　しない　［　　］

きまりを　まもらない　［　　］

せいかつ④

はな　あて　くいず

こたえ→160 ページ　　月　　日

もんだい　はの　かたちを　みて　あいて　いる　ところに　あてはまる　ものに　○を　つけましょう。

目ひょうじかん　１ぷん

はるに　さく　はなだよ。

おおきく　なあれ

シール

なまえ　1 年　くみ

こたえ→160 ページ　月　日

じかん 15 ふん　ごうかく 80 てん　とくてん　てん

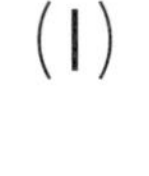

1 つぎの　はなや　やさいの　なまえを　あとの　ア〜カから　１つずつ　えらんで，きごうで　かきましょう。(60 てん) 1 つ 10

(1)

[　　]

(2)

[　　]

(3)

[　　]

(4)

[　　]

(5)

[　　]

(6)

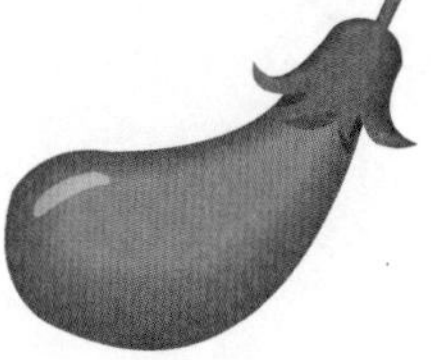

[　　]

ア ひまわり	イ あさがお	ウ ちゅうりっぷ
エ きゅうり	オ とまと	カ なす

2 つぎの　いきものの　なまえを　かきましょう。

(40 てん) 1 つ 10

(1)

[　　]

(2)

[　　]

(3)

[　　]

(4)

[　　]

まちがい さがし

こたえ→160ページ 月 日

もんだい

ひとつだけ ちがう ものが あります。ちがう ものに ○を つけましょう。

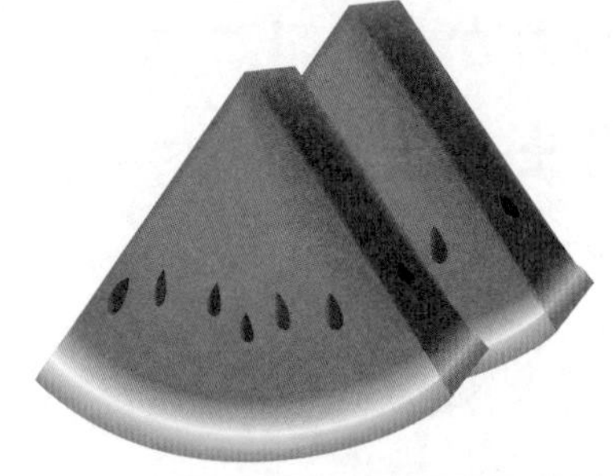

目ひょうじかん 1ぷん

よく かんさつして みると しゅるいが ちがうものが あるよ。

せいかつ 6

なつが　きたよ

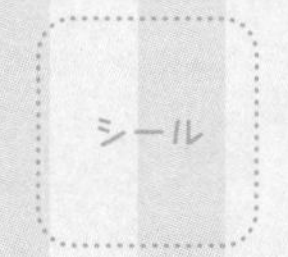

なまえ　1 年　くみ

1 つぎの　いきものや　はなの　なまえを　あとの　ア〜エから　１つずつ　えらんで，きごうで　かきましょう。(40 てん) 1 つ 10

(1)

[　　]

(2)

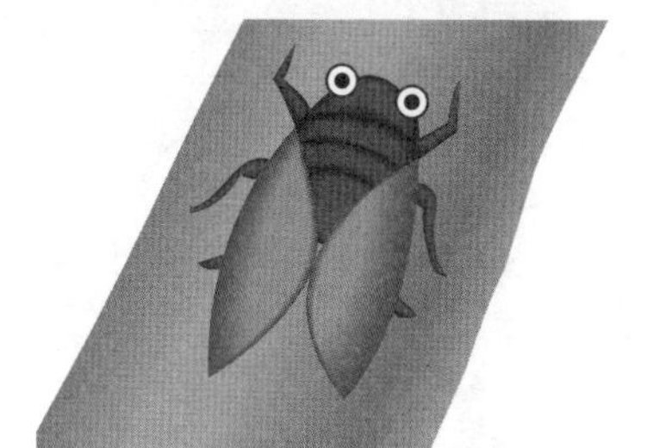

[　　]

(3)

[　　]

(4)

[　　]

ア やどかり	**イ** せみ
ウ かたつむり	**エ** はす

2 なつに　うみで　できる　つぎの　あそびの　なまえを　あとの　ア〜ウから　１つずつ　えらんで，きごうで　かきましょう。(60 てん) 1 つ 20

(1)

[　　]

(2)

[　　]

(3)

[　　]

ア びいちぼおるあそび	**イ** みずでっぽう
ウ すなあそび	

せいかつ⑥

いきもの めいろ

こたえ→160ページ

月 日

もんだい むしの ところを すすんで ゴールに いきましょう。

目ひょうじかん 5ふん

あしが 6ぽんの
ものが おおいよ。

せいかつ 7

だいすきな　かぞく

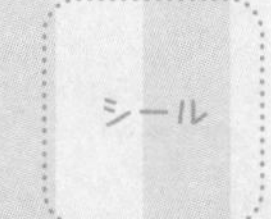

なまえ　1年　くみ

こたえ→160ページ　月　日

じかん 15ふん　ごうかく 80てん　とくてん　てん

1 つぎの　えで　つかわれて　いる　どうぐの　名(な)まえを　あとの　ア〜エから　1つずつ　えらんで，きごうで　かきましょう。(40てん) 1つ10

(1)

[　　　]

(2)

[　　　]

(3)

[　　　]

(4)

[　　　]

ア ものほしざお	**イ** そうじき
ウ ほうちょう	**エ** ぞうきん

2 つぎの　えの　どうぐの　名まえを　かきましょう。(60てん) 1つ15

(1)

ごはんを　おちゃわんに　よそう　ときに　つかいます。

[　　　　　]

(2)

おゆを　わかす　ときに　つかいます。

[　　　　　]

(3)

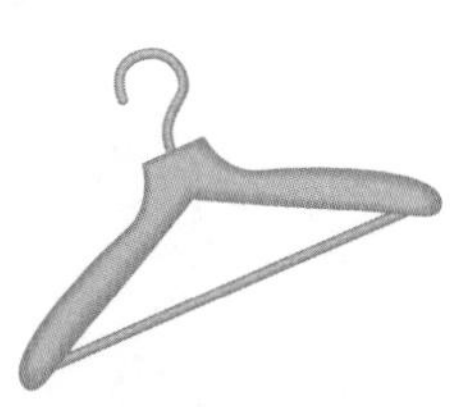

ようふくを　ほす　ときに　つかいます。

[　　　　　]

(4)

ごみを　あつめる　ときに　つかいます。

[　　　　　]

せいかつ⑦

あさがお　ならべかえ

こたえ→160ページ

月　日

もんだい　つぎの　えを　あさがおが　そだつ　じゅんばんに　ならべかえ　きごうを　かきましょう。

目ひょうじかん　5ふん

ア

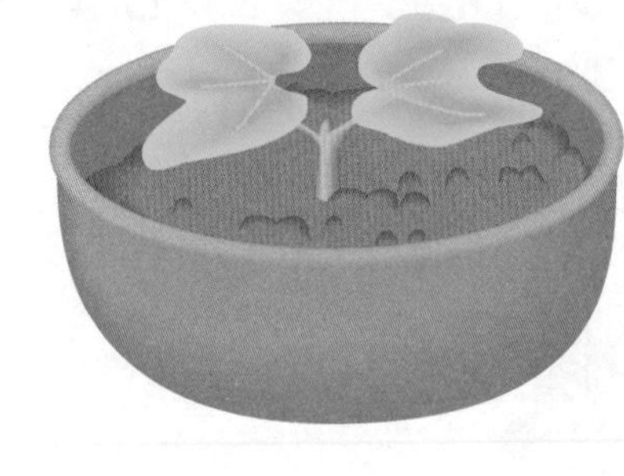

イ

ウ

エ

オ

カ

[　　　]➡[　　　]➡[　　　]➡[　　　]➡[　　　]➡[　　　]

あきが　きたよ

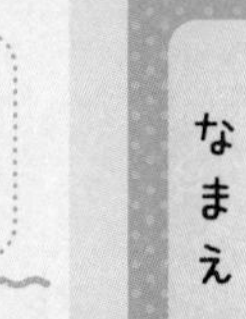

なまえ　1 年　　くみ

1 つぎの　おもちゃの　ざいりょうを　あとの　ア〜エから　１つずつ　えらんで，きごうで　かきましょう。（40 てん）1 つ 10

(1)

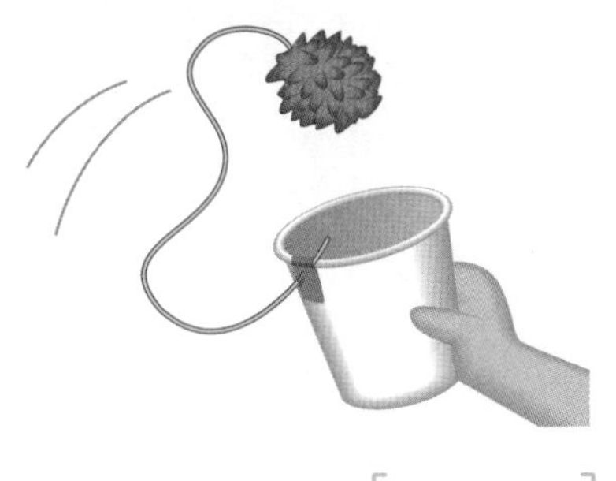

［　　］

(2)

［　　］

(3)

［　　］

(4)

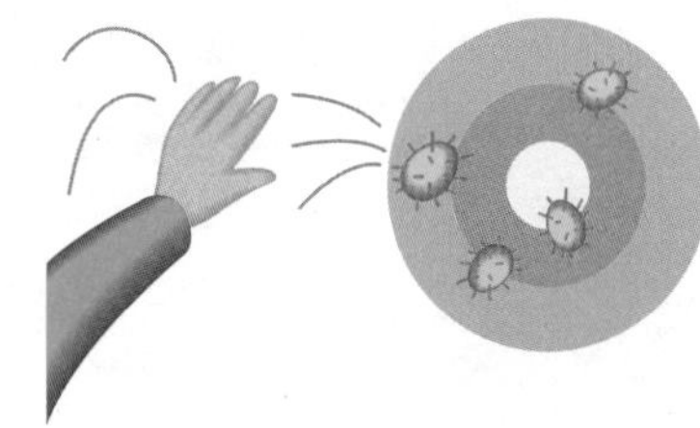

［　　］

ア　まつぼっくり	**イ**　オナモミ
ウ　どんぐり	**エ**　おちば

2 あきに　見(み)つかる　ものの　名(な)まえを　かきましょう。（24 てん）1 つ 12

(1)

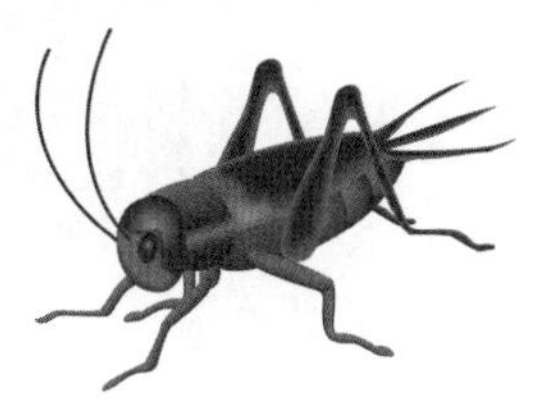

［　　］

(2)

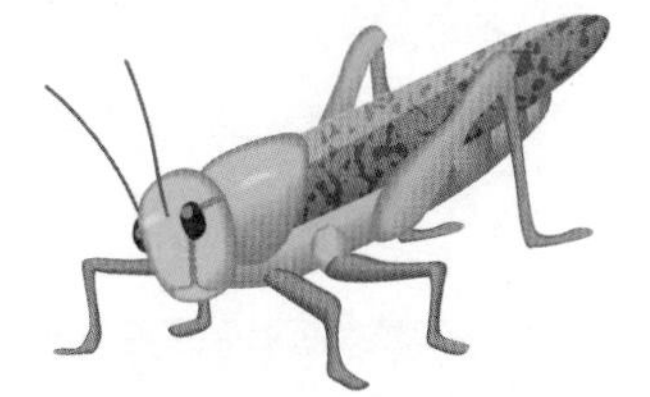

［　　］

3 あきの　こうえんで，木(き)のはを　ひろいました。木のはの　名まえを　かきましょう。（36 てん）1 つ 12

(1)

［　　］

(2)

［　　］

(3)

［　　］

みのまわりの　いろ

こたえ→160ページ　月　日

もんだい

ほんとうは　みどりいろの　ものに〇を　つけましょう。

目ひょうじかん　2ふん

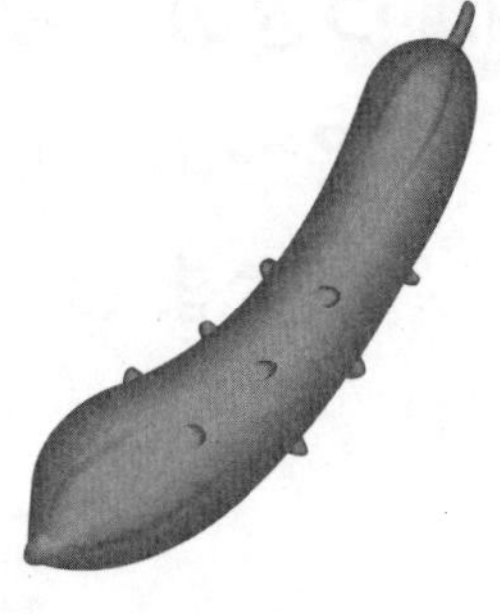

みどりいろの　ものは1つだよ。

みんなで あそぼう

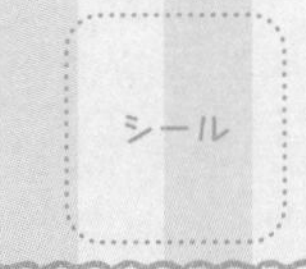

なまえ　1 年　くみ

こたえ→161 ページ　月　日

1 **つぎの　あそびの　名まえを　あとの　ア～エ　から　1つずつ　えらんで，きごうで　かきましょう。** (40てん) 1つ10

(1)

[　　]

(2)

[　　]

(3)

[　　]

(4)

[　　]

ア お手玉	**イ** こままわし
ウ けん玉	**エ** あやとり

2 **おもちゃを　つくる　ときの　ちゅういとして　正しい　ものに　○を，正しくない　ものに　×を　つけましょう。** (40てん) 1つ10

(1) ごみを　ゆかに　すてた　ままに　する。 [　　]

(2) はさみの　先を　人に　むける。 [　　]

(3) のりを　つかったら　ふたは　あけたままに　して　おく。 [　　]

(4) どうぐを　つかいおわったら　手を　あらう。 [　　]

3 **つぎの　おもちゃは　なにを　つかって　つくられて　いますか。ざいりょうを　2つ　かきましょう。** (20てん) 1つ10

[　　　　]

[　　　　]

あそび つなぎ

こたえ→161 ページ　月　日

もんだい　なにを　つかった　あそびかな。せんで　むすびましょう。

目ひょうじかん　2ふん

かたちが　おなじ　ものを　さがして　みよう。

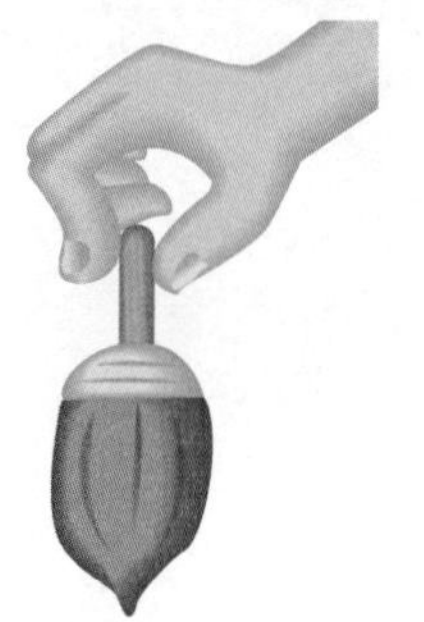

せいかつ 10

ふゆが　きたよ

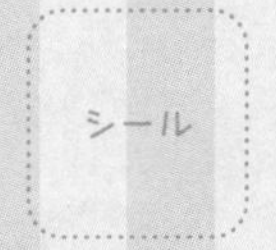

なまえ　1年　　くみ

こたえ→161ページ

月　日

じかん 15ふん　ごうかく 80てん　とくてん　てん

1 つぎの　あそびの　名まえを　あとの　ア〜エから　1つずつ　えらんで，きごうで　かきましょう。(40てん) 1つ10

(1)

[　　　]

(2)

[　　　]

(3)

[　　　]

(4)

[　　　]

ア たこあげ	**イ** ゆきがっせん
ウ スケート	**エ** スキー

2 ふゆに　見られる　生きものに　○を，見られない　生きものに　△を　つけましょう。(30てん) 1つ15

(1)　(2)

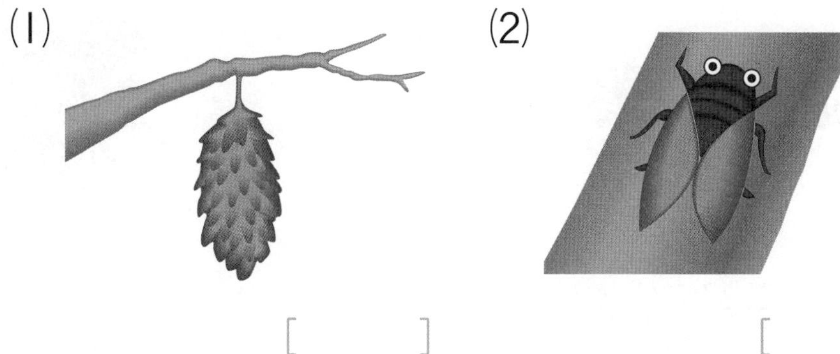

[　　　]　[　　　]

3 ふゆに　よく　する　つぎの　あそびの　名まえを　かきましょう。(30てん) 1つ15

(1)

[　　　]

(2)

[　　　]

こたえ→161 ページ　月　日

お正月（しょうがつ）のもの　あて　くいず

もんだい　お正月（しょうがつ）に　かざる　ものに　○を　つけましょう。

目ひょうじかん　2ふん

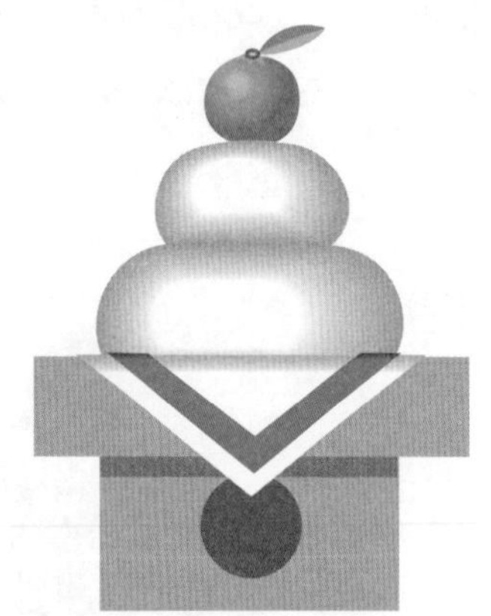

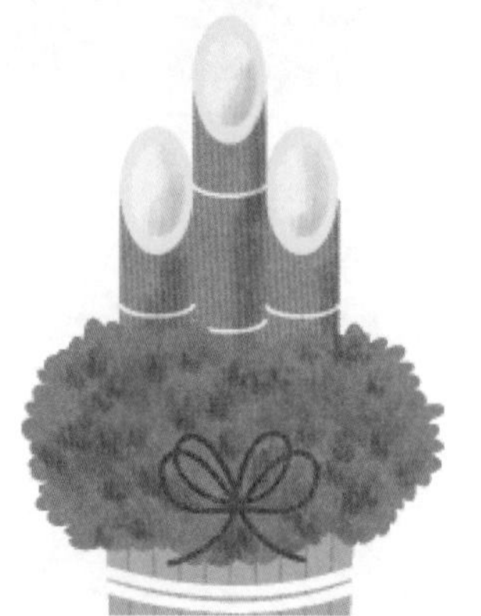

お正月に　かざる　ものは　2つ　あるよ。

もうすぐ　2年生

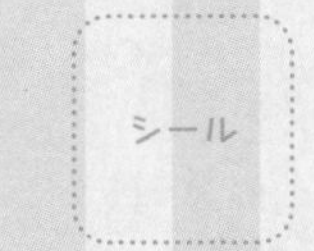

なまえ　1年　くみ

1 つぎの　1年かんの　できごとを　あとの　ア～エから　1つずつ　えらんで，きごうで　かきましょう。(40てん) 1つ10

(1)

[　　　]

(2)

[　　　]

(3)

[　　　]

(4)

[　　　]

ア うんどうかい	**イ** プール
ウ 入学しき	**エ** しんたいそくてい

2 つぎの　中から　1年生に　なって　できるように　なったら　よい　ことを　あとの　ア～ウから　1つずつ　えらんで，きごうで　かきましょう。(60てん) 1つ20

(1)

[　　　]

(2)

[　　　]

(3)

[　　　]

ア ひとりで　おきる
イ ひとりで　きがえる
ウ ようふくを　たたむ

かたづけ　つなぎ

こたえ→161 ページ　月　日
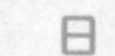

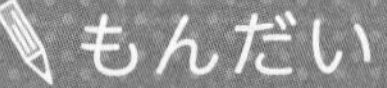
もんだい

かたづける　ところを　見(み)つけて　せんで　むすびましょう。

目ひょうじかん　2ふん

それぞれの　ものが　どこに　おいて　あるか　おもいだして　みよう。

しあげテスト

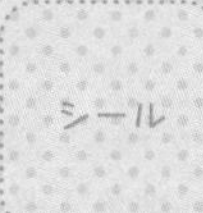

なまえ　1 年　くみ

こたえ→161 ページ　月　日

じかん 15ふん　ごうかく 80てん　とくてん　てん

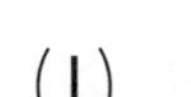

1 つぎの　サクラの　えは　どの　きせつの　ものですか。　それぞれ　きせつを　かきましょう。 (40てん) 1つ10

(1)

[　　　　]

(2)

[　　　　]

(3)

[　　　　]

(4)

[　　　　]

2 つぎの　えの　生(い)きものの　名(な)まえを　かきましょう。 (10てん)

[　　　　]

3 つぎの　学校(がっこう)の　たてものや　へやの　名まえを　かきましょう。 (40てん) 1つ10

(1)

[　　　　]

(2)

[　　　　]

(3)

[　　　　]

(4)

[　　　　]

4 右(みぎ)の　えの　あそびの　名まえを　かきましょう。 (10てん)

[　　　　]

せいかつ⑫

きせつ　あて　くいず

こたえ→161 ページ

月　　日

もんだい　はるの　ものには　〇を，なつの　もの　には　△を　つけましょう。

目ひょうじかん　2ふん

それぞれ　2つずつ　あるよ。

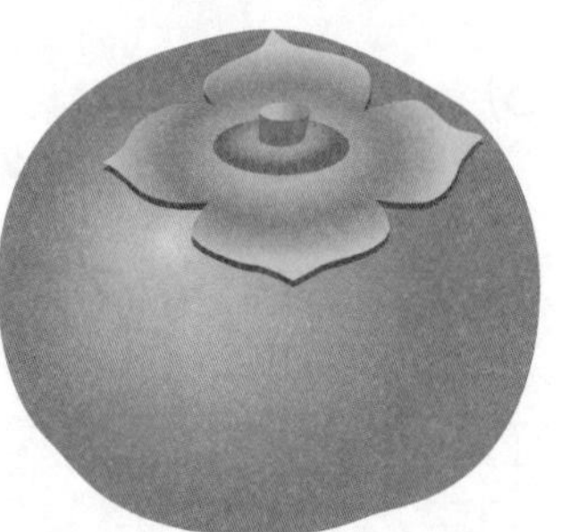

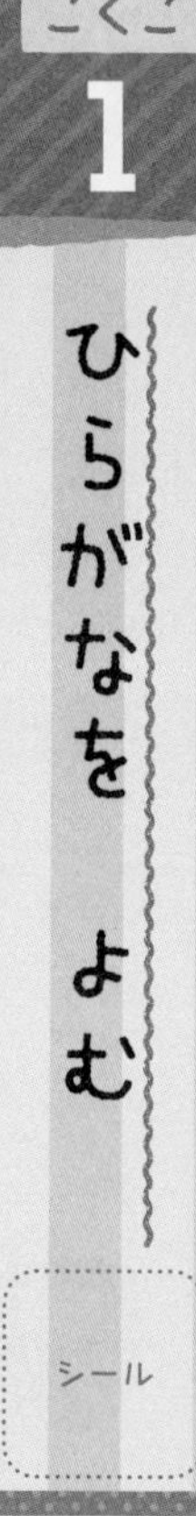

こくご 1 ひらがなを よむ

シール

なまえ 1年 くみ

こたえ→162ページ

月 日

じかん 20ぷん ごうかく 80てん

とくてん てん

1 正しい ほうに ○を かきましょう。 (30てん) 一つ5

(1) ア〔 〕ねずめ イ〔 〕ねずみ 

(2) ア〔 〕でんわ イ〔 〕でんね 

(3) ア〔 〕たほこ イ〔 〕たまご 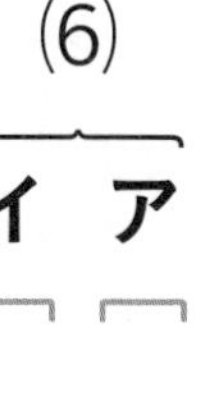

(4) ア〔 〕もまうま イ〔 〕しまうま 

(5) ア〔 〕たんぽぽ イ〔 〕たんぱぱ 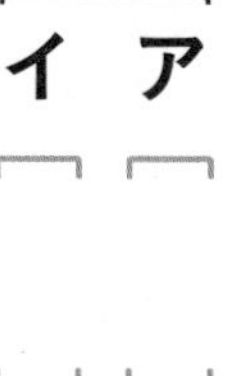

(6) ア〔 〕あり イ〔 〕あい

2 えと あう ことばを ──で むすびましょう。 (30てん) 一つ5

(1)  • • およぐ

(3)  • • のぼる

(5)  • • とぶ

(2)  • • はなす

(4)  • • なく

(6) • • うたう

3 つぎの ことばの なかで なかまに 入らない ことばを 一つ ○で かこみましょう。 (40てん) 一つ8

(1) りんご みかん とら いちご ぶどう

(2) きんぎょ こい ふな たい たまご

(3) すべりだい ぶらんこ やね てつぼう うんてい

(4) たぬき ねこ くるま きつね ぞう

(5) つくえ いす こくばん 先生 本だな

なかまさがし

こたえ→162ページ　月　日

もんだい

つぎの　ことばの　なかで　なかまに　入(はい)らない　ことばを　一(ひと)つ　えらんで　○で　かこみましょう。
また、えらんだ　ことばの　さいしょの　文字(もじ)を　ならべて、できた　ことばを　かきましょう。

目(もく)ひょうじかん　**5ふん**

(1)　ふね　でんしゃ　ばす　たこ　ひこうき

(2)　ひつじ　かるた　きりん　うさぎ　たぬき

(3)　ごぼう　なす　たまねぎ　らっぱ　にんじん

(4)　えんぴつ　のり　ばけつ　じょうぎ　はさみ

(5)　きいろ　みどり　ちゃいろ　こおり　くろ

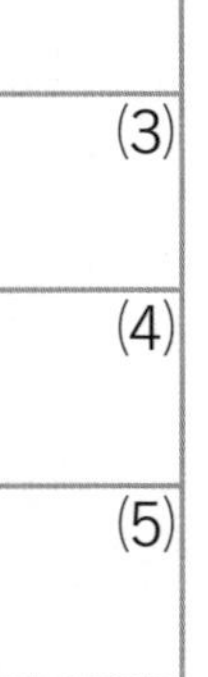

【できた　ことば】

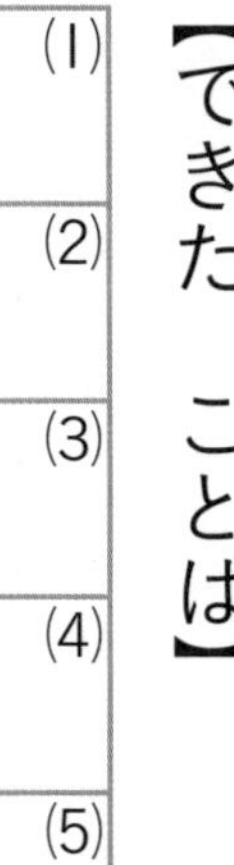

(1)
(2)
(3)
(4)
(5)

こくご 2

ひらがなを かく ①

シール

なまえ
1年 くみ

じかん 20ぷん ごうかく 80てん

とくてん てん

月 日

こたえ→162ページ

1 えを みて、なまえを かきましょう。（30てん）一つ5

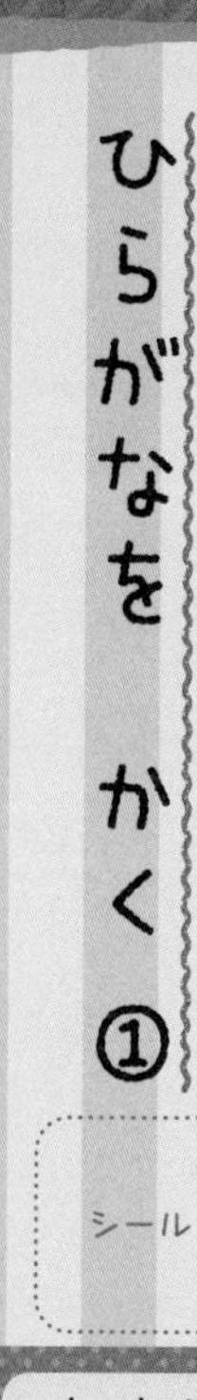

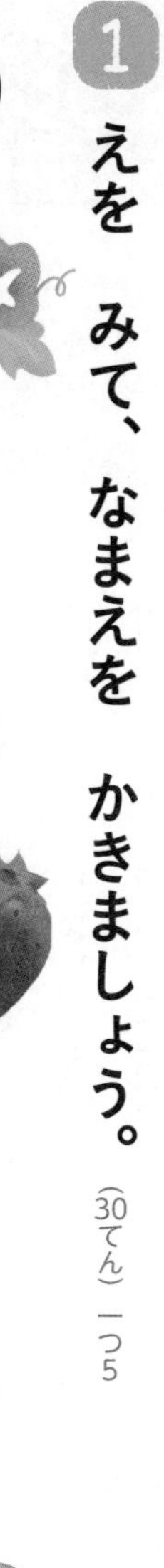

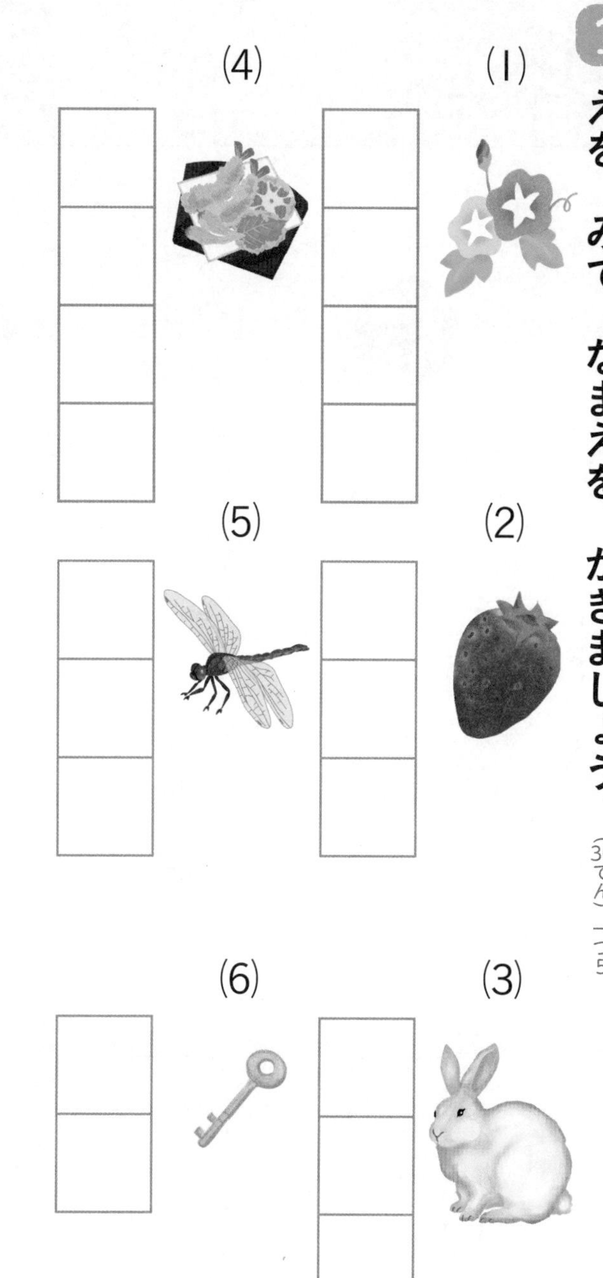

(1) (2) (3) (4) (5) (6)

2 つぎの □ に ひらがなを かきましょう。（30てん）一つ6

(1) でんし□

(2) が□こう

(3) き□うり

(4) ち□うち□

(5) し□□き

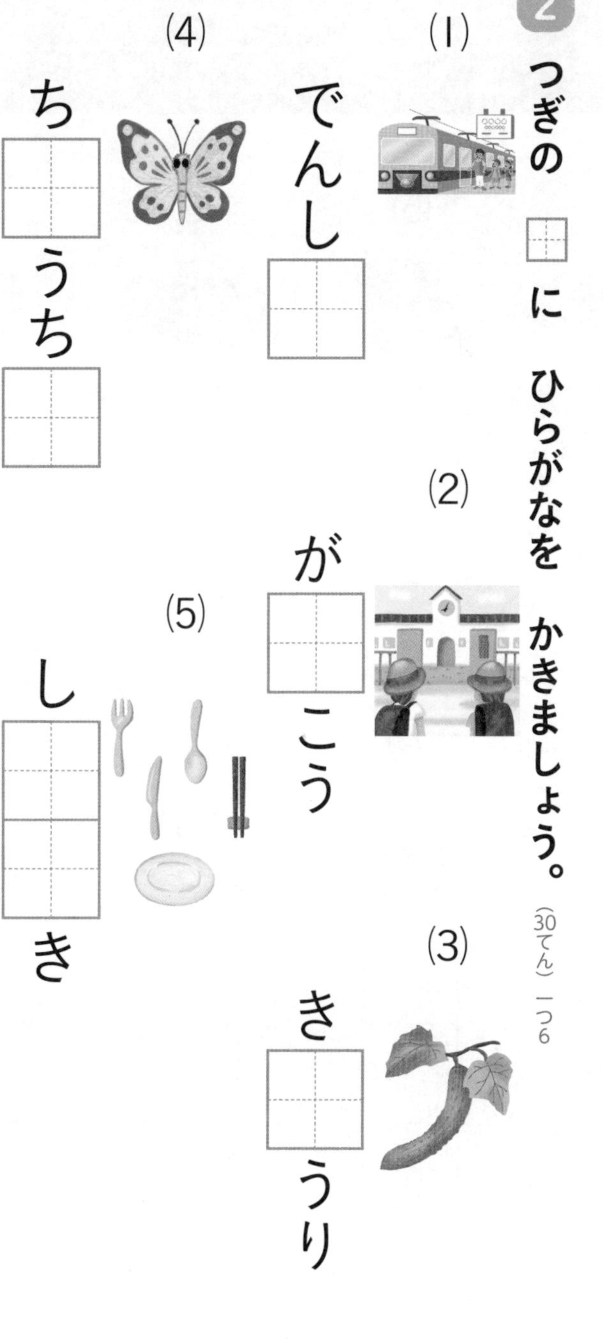

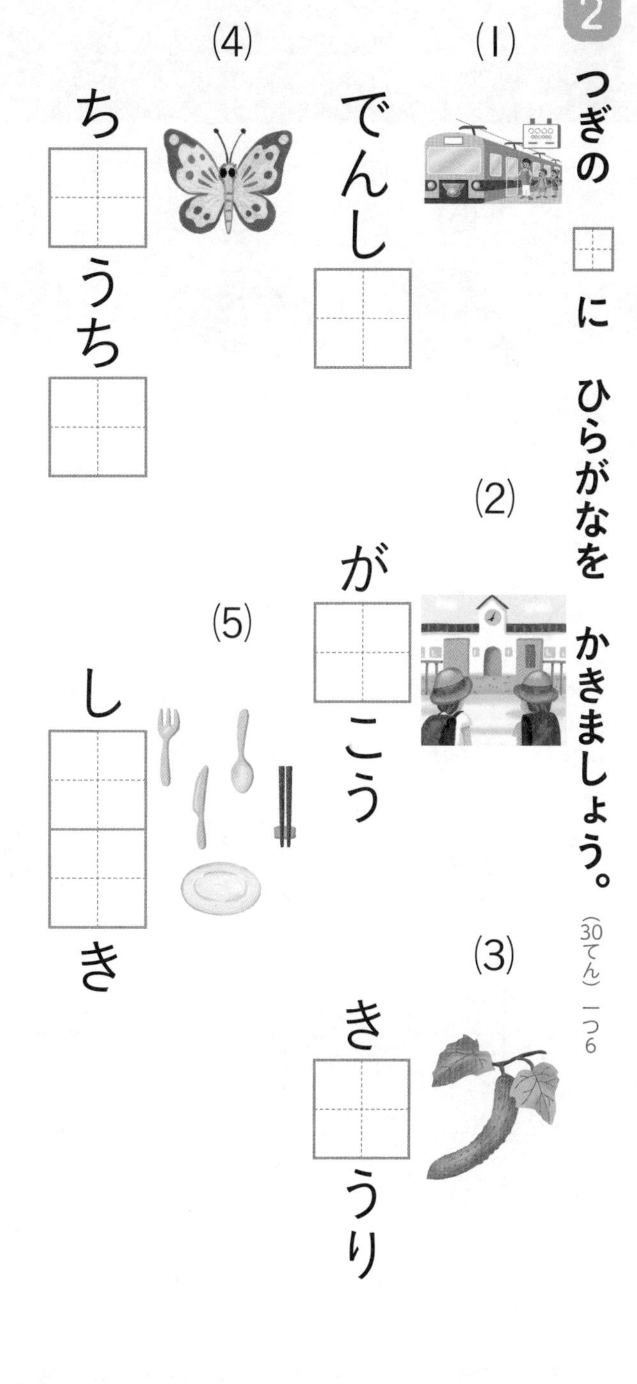

3 ふとい ところは なんばん目（め）に かきますか。○に すう字（じ）を かきましょう。（40てん）一つ10

(1) せ

(2) ふ

(3) な

(4) や

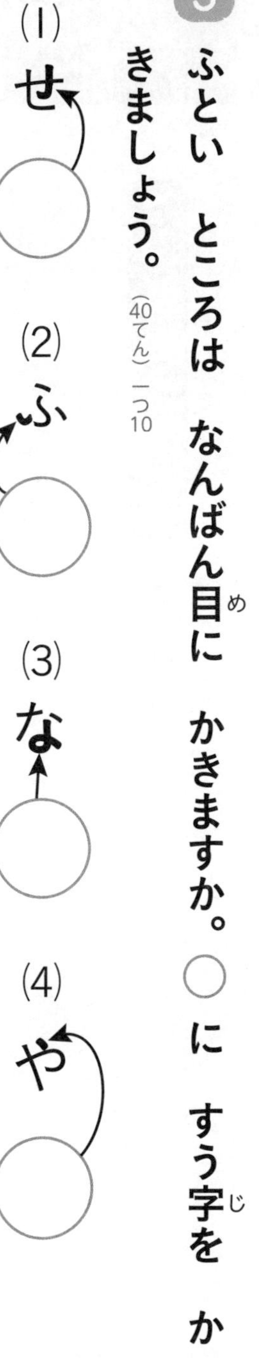

えに あう ことば ①

こたえ→162ページ　月　日

もんだい

えに あう ことばを、ひらがなで かきましょう。

目ひょうじかん　5ふん

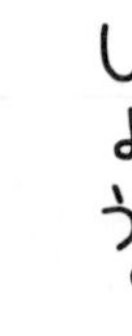

(1)
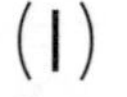

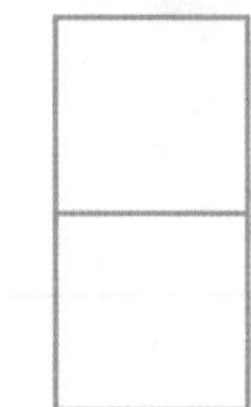

(2)

(3)

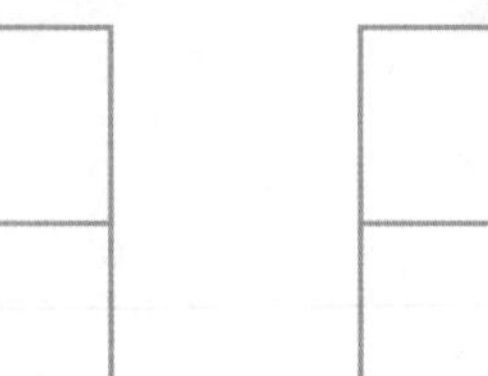

(4)

(5)

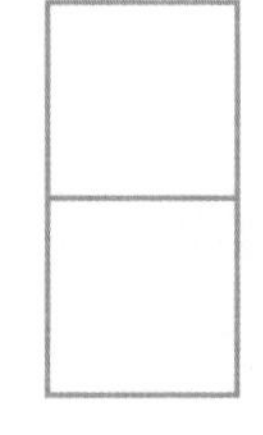

(6)

(7)

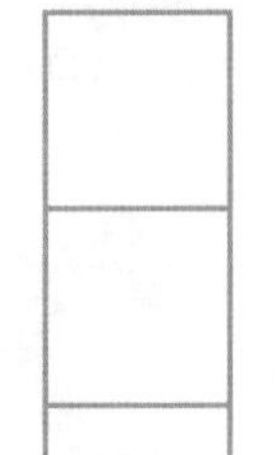

(8)

(9)

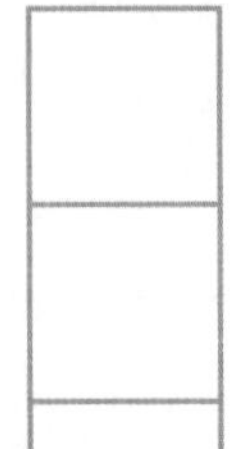
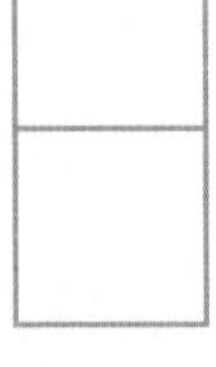

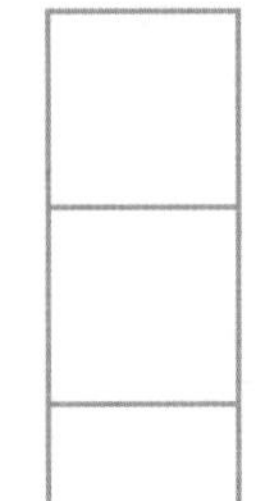

(10)

(11)

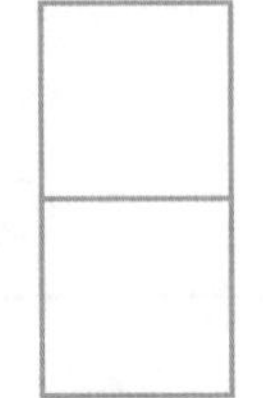

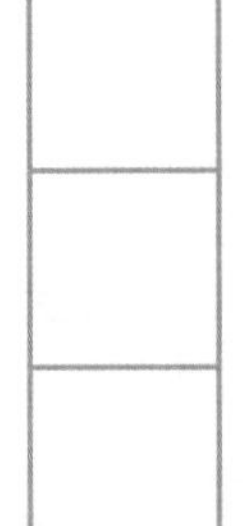

(12)
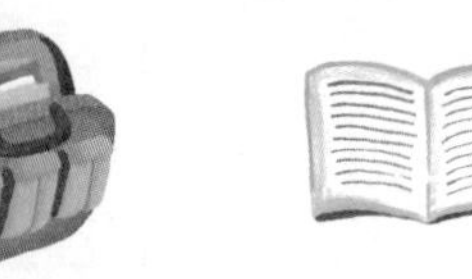
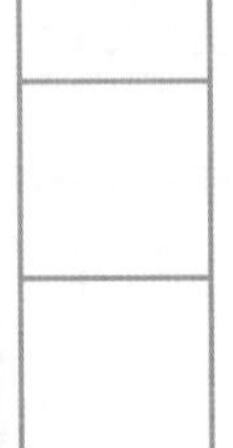
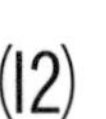

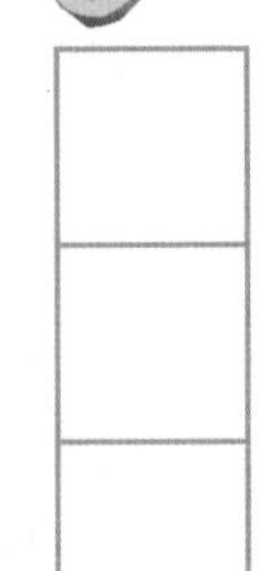

なぞなぞだよ。
大きな　こえで　よんでも
へんじを　しない　ものは
なーんだ？

こたえ：本

こくご 3

ひらがなを かく②

シール

なまえ 1年 くみ

こたえ→162ページ

じかん 20ぷん ごうかく 80てん

とくてん てん

月 日

1 **しりとりを して、□に ことばを かきましょう。**（20てん）一つ5

いし→(1)□□→かめ→(2)□□□→

かるた→(3)□□□→きつね→(4)□□

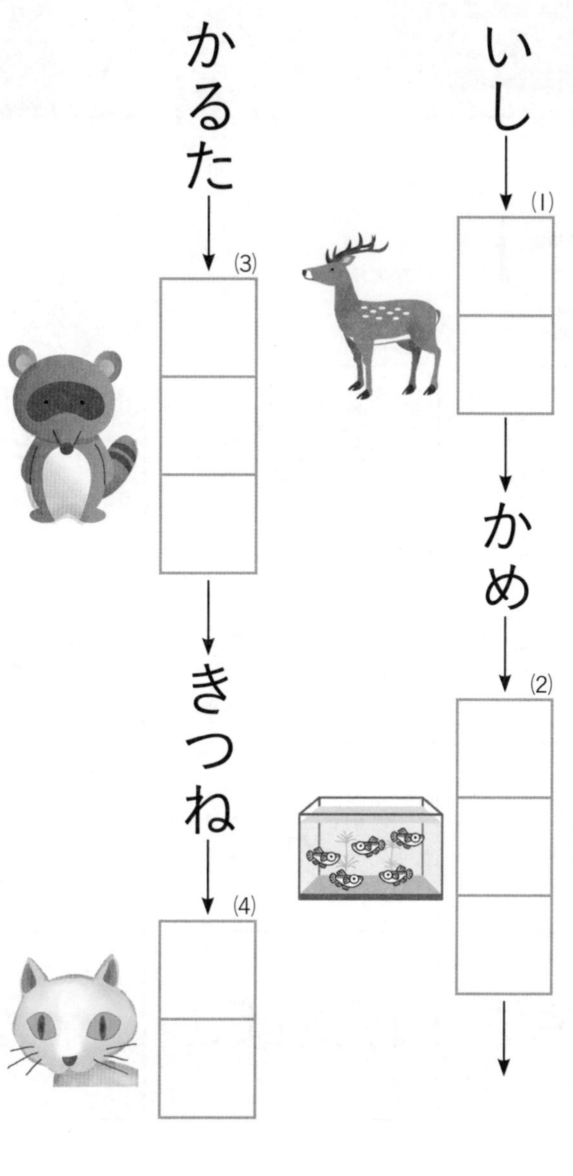

2 **たてと よこが かさなって いる □に 文字(もじ)を 入(い)れて、ことばを つくりましょう。**（20てん）一つ5

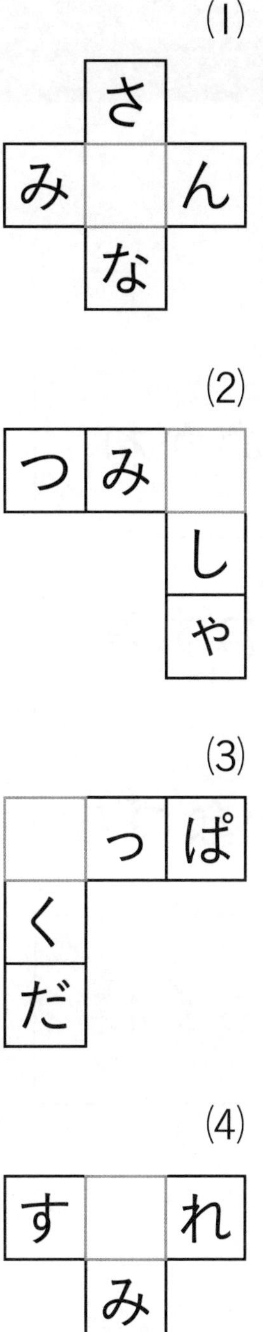

(1) さ／み □ ん／な

(2) つ み □／し／や

(3) □ っ ぱ／く／だ

(4) す □ れ／み

3 チャレンジ **つぎの なかまの ことばを 三(みっ)つずつ かきましょう。**（60てん）一つ10

(1) くだもの（れい なし）

［　　］［　　］［　　］

(2) どうぶつ（れい いぬ）

［　　］［　　］［　　］

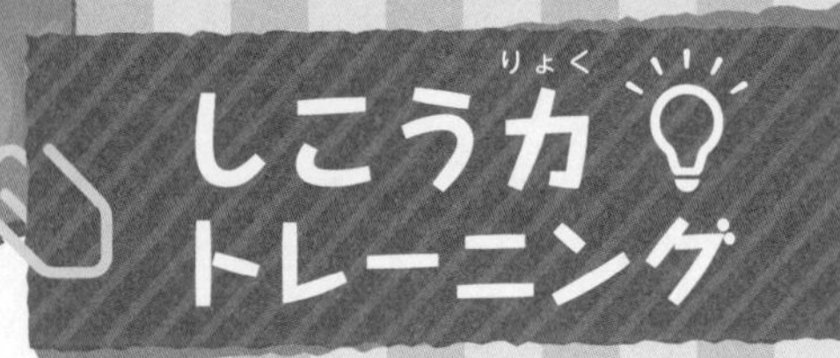

こくご③

しりとりめいろ

こたえ→162ページ

月　日

もんだい

つぎの【ルール】を よんで、しりとりを しながら スタートから ゴールまで すすみましょう。

目ひょうじかん　5ふん

【ルール】

(1) たてと よこにしか すすめません。

(2) 一ど とおった ことばは 二ど とおれません。

スタート

りんご	だるま	まめ	めがね
ごりら	らくだ	みのむし	ねずみ
ぶた	こんぶ	しか	かなづち
たいやき	げたばこ	わなげ	ちくわ

ゴール

こくご 4

ことばの よみかき ①

シール

なまえ　1年　くみ

こたえ→162ページ

じかん 20ぷん　ごうかく 80てん　とくてん てん

月　日

1 あいて いる ところに おなじ 文字(もじ)を 入(い)れ ことばを かんせいさせましょう。（30てん）各完答一つ5

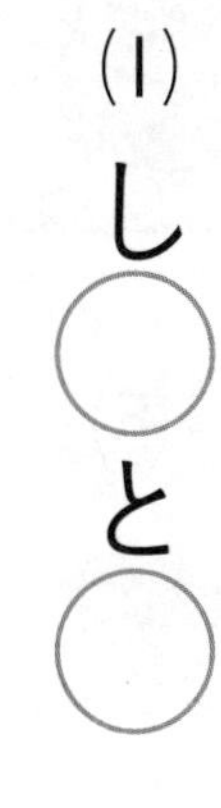

(1) し○と○

(2) に○じ○

(3) ○つつ○

(4) し○う○

(5) ○んぶん○

(6) ○んど○かい

2 つぎの えの なまえを かきましょう。（40てん）一つ8

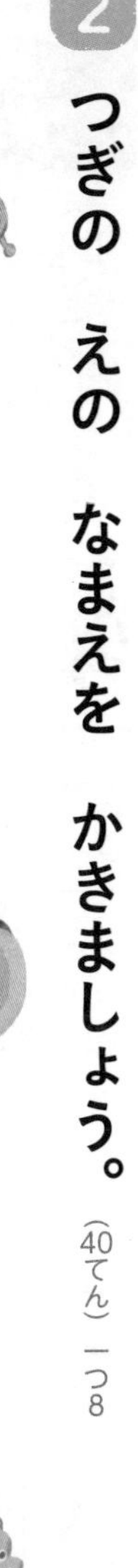

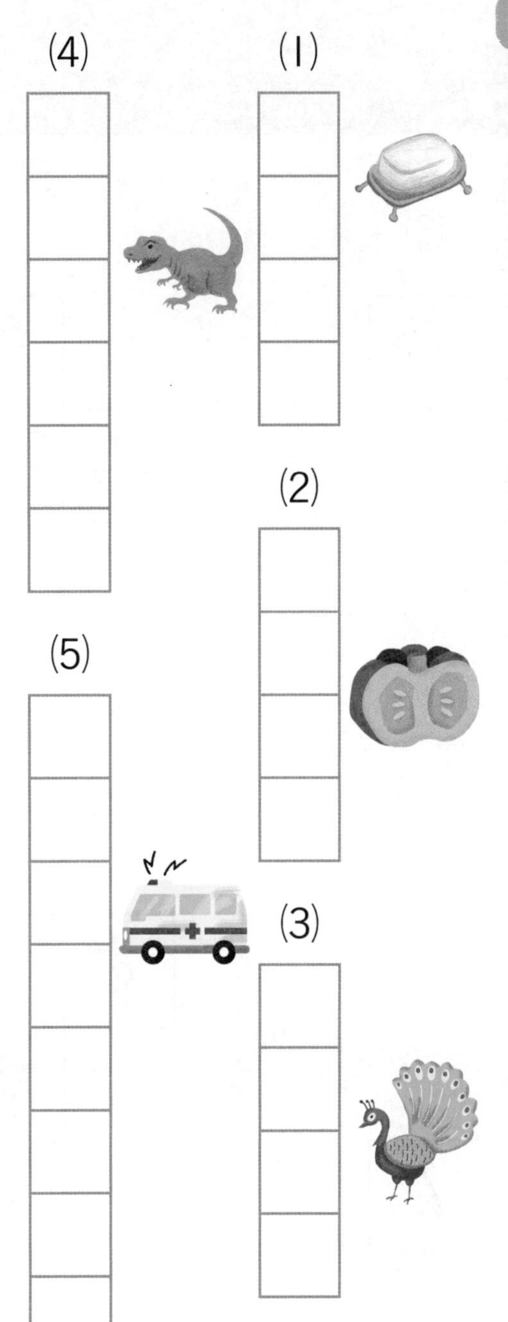

(1) □□□□

(2) □□□□

(3) □□□□

(4) □□□□□□

(5) □□□□□□□□

3 上(うえ)と 下(した)の ことばで あう ものを ——で むすびましょう。（30てん）一つ5

(1) 山(やま)に ・　・はく。

(2) 川(かわ)で ・　・きる。

(3) こうえんを ・　・のぼる。

(4) とびばこを ・　・およぐ。

(5) くつを ・　・さんぽする。

(6) ふくを ・　・とぶ。

ことばパズル①

こたえ→162ページ　月　日

もんだい

あいて いる □ に 文字を 入れて、たてと よこの ことばを かんせいさせましょう。

目ひょうじかん 5ふん

(1)

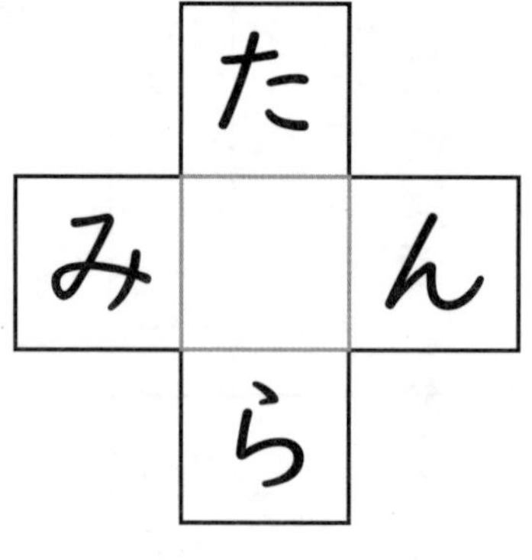

(2)

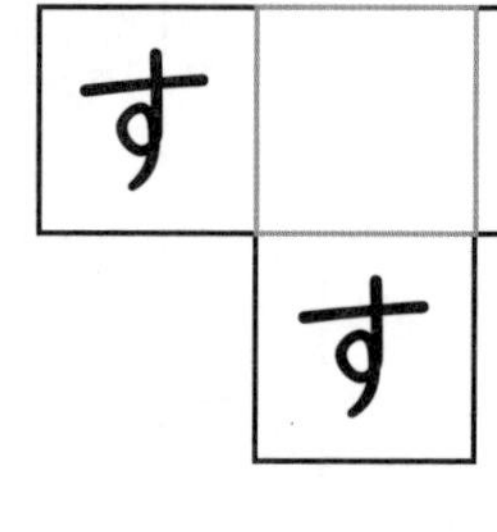

(3)

さ　□　な
　　ら
　　す

(4)

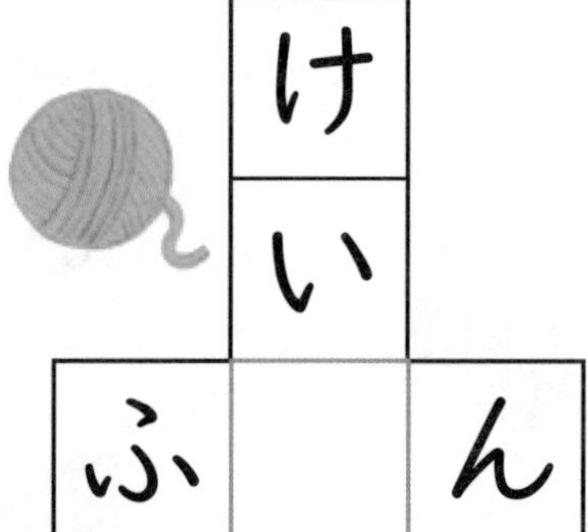

(5)

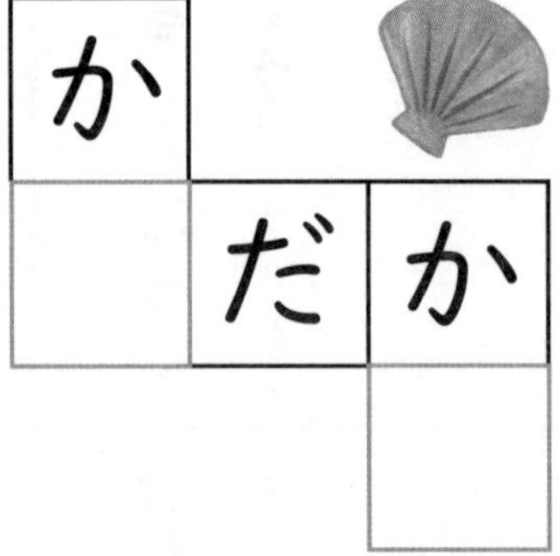

(6)

　　　　□
□　る　ま
り

こくご 5

ことばの よみかき②

シール

なまえ　1年　くみ

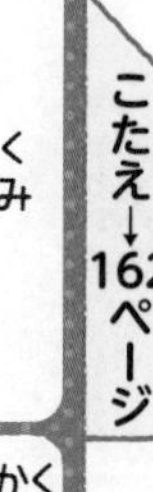
こたえ→162ページ

じかん 20ぷん　ごうかく 80てん

とくてん　てん

月　日

1 えを 見て、なまえを かきましょう。（20てん）一つ5

(1)
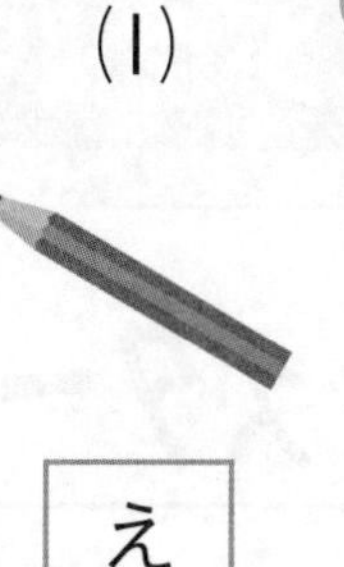
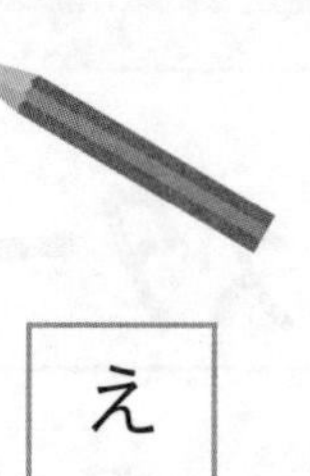
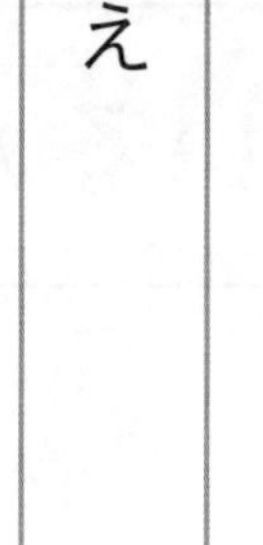
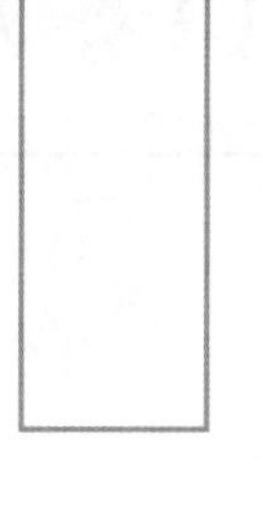
え［　　　］

(2)

そ［　　　］

(3)
き［　　　］

(4)

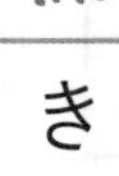
き［　　　］

チャレンジ

2 はんたいの ことばを［　］に かきましょう。（40てん）一つ10

(1) 大きい →［　　　］

(2) ひくい →［　　　］

(3) ほそい →［　　　］

(4) おそい →［　　　］

3 まちがって いる 字に ×を かき、よこに 正しい 字を かき なおしましょう。（40てん）一つ10

(1) ちゅうり

［　　　］

(2) ほたる ［　　　］

(3) やま ［　　　］

(4) おんな ［　　　］

しりとり

こたえ→162ページ　月　日

もんだい
スタートから　ゴールまで　ことばを　あてはめて　しりとりを　しましょう。

目ひょうじかん　5ふん

スタート

いるか

(1)

すずめ

(2)

ねこ

(3)

りんご

ごま

→

(4)

くつ

(5)

えんぴつ

ゴール

こくご 6

「は」「を」「へ」

シール

なまえ　1年　くみ

こたえ→162ページ

じかん 20ぷん　ごうかく 80てん　とくてん　てん　月　日

1 □に「は」「を」「へ」を入れて、文にしましょう。（60てん）各完答一つ10

(1) つばめ□、空□とぶ。

(2) たま□とおく□なげる。

(3) さる□、くだもの□たべる。

(4) へや□にもつ□はこぶ。

(5) わたし□、え□かく。

(6) わたし□、おばあちゃん□はがき□出す。

2 「わ」か「は」を正しく入れましょう。（20てん）各完答一つ10

(1) わたし□に□をそうじするのを□すれました。

(2) □がまま□、い□ないように しよう。

3 「お」か「を」を正しく入れましょう。（20てん）各完答一つ10

(1) □とうとがか□□あらって いる。

(2) あ□い□りがみ□はんぶんに□る。

正しい　文字さがし

こたえ→163 ページ

月　日

もんだい

□に　あてはまる　文字を　入れ、その
文字で　はじまる　ものの　えを　——で
むすびましょう。

目ひょうじかん　5ふん

(1) なつ□　あつい。

(2) こうえん□　いく。

(3) 水が　こ□る。

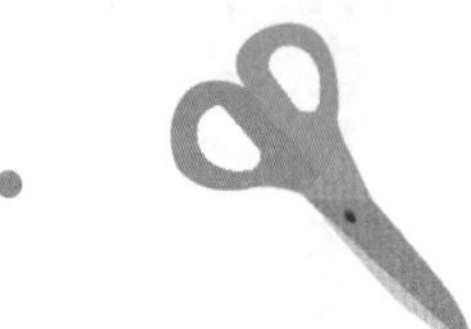

こくご 7 てん(、)まる(。)かぎ(「」)

シール

なまえ　1年　くみ

こたえ→163ページ

月　日

じかん 20ぷん　ごうかく 80てん

とくてん　てん

1 **つぎの 文しょうの □に 「、」か 「。」の どちらかを 入れましょう。** (80てん) 一つ10

きょう□ ともだちの ゆみちゃんと□ こうえんで あそんだ□

わたしたちは□ ブランコに のった□ 立ちこぎを したり□

すわりこぎを したり した□ とても たのしかった□

チャレンジ

2 **つぎの 文しょうに、かぎ(「 」)を 二くみ つけましょう。** (10てん) 一つ5

きのう おかあさんが、

おたん生日に なにか ほしい ものは あるかしら。

と きいて きたので、

赤い 車の おもちゃが ほしい。

と げん気よく こたえました。

3 **えに あうように、つぎの 文に てん(、)を 一つ つけましょう。** (10てん)

ぼくは わらいながら にげる

いもうとを おいかけた。

こくご⑦

ならべかえ　文づくり ①

こたえ→163ページ　月　日

もんだい

つぎの　文字や、てん（、）、まる（。）を　ならべかえて　一つの　文を　つくりましょう。

目ひょうじかん　5ふん

ぎ　、　ろ
し　ゆ
は　い　。
う
ゆ　う　に

小さい　文字に　ちゅういしてね。

こくご 8

かなづかい ①

シール

なまえ　1年　くみ

こたえ→163ページ

じかん 20ぷん　ごうかく 80てん

とくてん　てん

月　日

1 正しい ほうに ○を かきましょう。（56てん）一つ7

(1) ア［　］とけい　イ［　］とけえ

(2) ア［　］しやい　イ［　］しあい

(3) ア［　］たいく　イ［　］たいいく

(4) ア［　］からだ　イ［　］かだら

(5) ア［　］けいと　イ［　］けえと

(6) ア［　］おおきい　イ［　］おうきい

(7) ア［　］とうい　イ［　］とおい

(8) ア［　］あずかる　イ［　］あづかる

2 つぎの 文の かなづかいが 正しい ものに ○、まちがって いる ものに ×を かきましょう。（30てん）一つ6

(1)［　］いもおとが ほいくえんえ いった。

(2)［　］きょうは、本の つづきを よもう。

(3)［　］おにいさんは、あをい ふくが すきだ。

(4)［　］となりの ねこは、しろと いう なまえです。

(5)［　］いえの まえを 白い トラックが とうった。

3 つぎの 文で、かなづかいが まちがって いる ことばに ×を かき、右に 正しく かきなおしましょう。（14てん）一つ7

(1) すいそおで ねったいぎょを かう。

(2) 石に つまずいて ころび、はなじが 出た。

まちがいさがし

こたえ→163ページ 月　日

もんだい

このかんばんの文字にはまちがいがあります。まちがいに×をかいて、その上に正しい文字をかきましょう。

目ひょうじかん　5ふん

こおえんでの　あそびかた

・ゆうぐわ　正しく　つかいましょう。

・ごみが　出たら　もつて　かえりましょう。

・じてんしやに　のらないでください。

まわりに　きおつけて　あそびましょう。

まちがいは　五つあるよ。

こくご 9

かなづかい ②

シール

なまえ　1年　くみ

こたえ↓163ページ

じかん 20ぷん　ごうかく 80てん

とくてん　てん

月　日

1 正しい　ほうを　○で　かこみましょう。（60てん）一つ5

(1) おね（い・え）さんは　かん（ず・づ）めを　か（つ・っ）た。

(2) おと（お・う）さんを　えき（へ・え）むか（え・へ）に　いく。

(3) （あ・は）したは、じかんわりど（う・お）り　べんき（ょ・よ）うする。

(4) き（ゆ・ゅ）うに　お（お・う）あめが　ふ（っ・つ）て　きた。

2 つぎの　文の　□に　入る　文字を　下の（　）から　えらんで、入れましょう。（40てん）一つ10

(1) あついので、み□が　のみたい。（ず・づ）

(2) わたしは、すいえ□が　とくいだ。（え・い）

(3) ほの□が　赤く　もえて　いる。（う・お）

(4) じてん車は、ど□ろの　左を　はしる。（お・う）

ことばさがし

こたえ→163ページ　月　日

もんだい

□の なかの ことばを さがして ○で かこみ、あまった 文字（もじ）を こたえましょう。

目（もく）ひょうじかん　5ふん

はなび・りんご・きれはし・くじびき・あきち・くり・にじ

き	ね	く	り
れ	に	じ	ん
は	な	び	ご
し	あ	き	ち

あまった 文字〔　　　〕

こくご 10

チャレンジテスト 1

シール

なまえ

1年　くみ

こたえ→163ページ

月　日

じかん 20ぷん　ごうかく 80てん

とくてん　てん

1 はんたいの　ことばを　かきましょう。（20てん）一つ5

(1) あかるい→［　］

(2) さむい→［　］

(3) ひろい→［　］

(4) ちかい→［　］

2 つぎの　ことばを　正しく　かきなおしましょう。（20てん）一つ4

(1) きつて［　］

(2) ぶどお［　］

(3) けえと［　］

(4) おねいさん［　］

(5) しようぼうしや［　］

3 ○に　あてはまる　文字を　□の　なかから　えらんで　入れましょう。（つかわない　文字も　あります。）（60てん）一つ6

(1) ぼく○と○くの　えき○おと○と○むか○に　いきます。

(2) うんどうじょう○おとこ○こ○おんなのこが　なかよく　あそんで　います。せんせい○いっしょに　あそんで　います。

わ・は・う・お・え・へ・の・も・を・と・で

ことばパズル ②

こたえ→163ページ　月　日

もんだい

あいて いる □に 文字（もじ）を 入（い）れて、二（に）字（じ）の ことばを かんせいさせましょう。

目（もく）ひょうじかん　5ふん

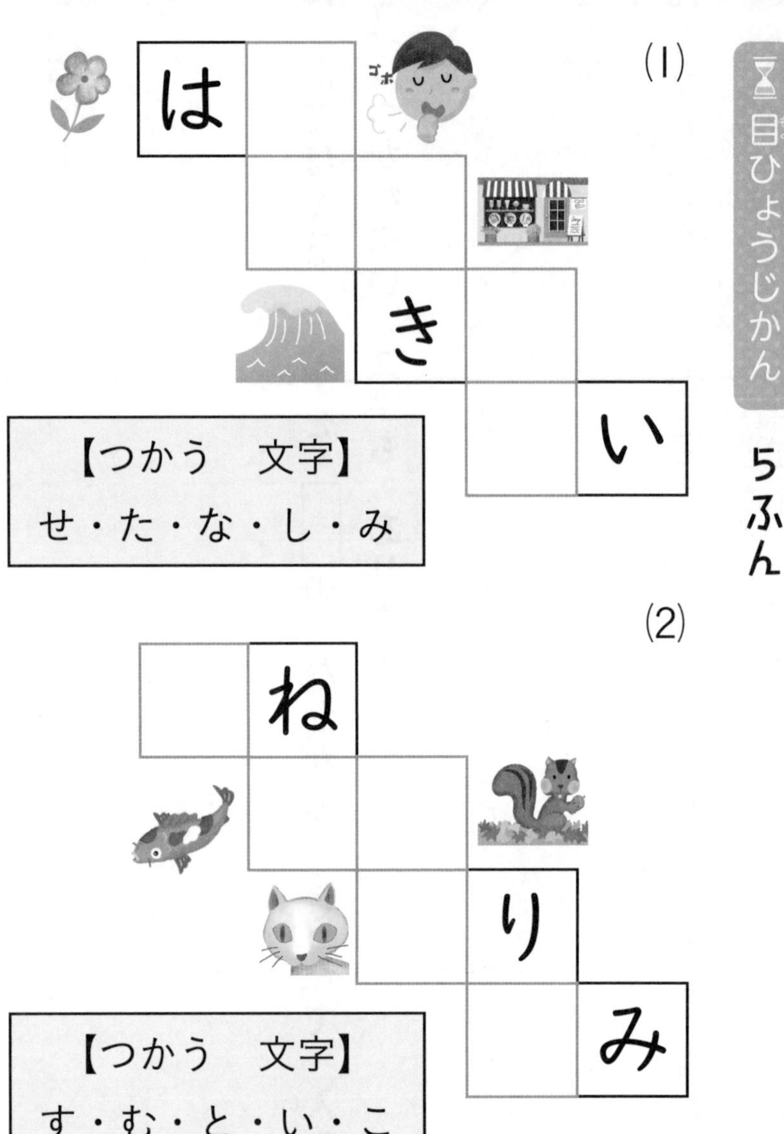

(1)

は
き
い

【つかう　文字】
せ・た・な・し・み

(2)

ね
り
み

【つかう　文字】
す・む・と・い・こ

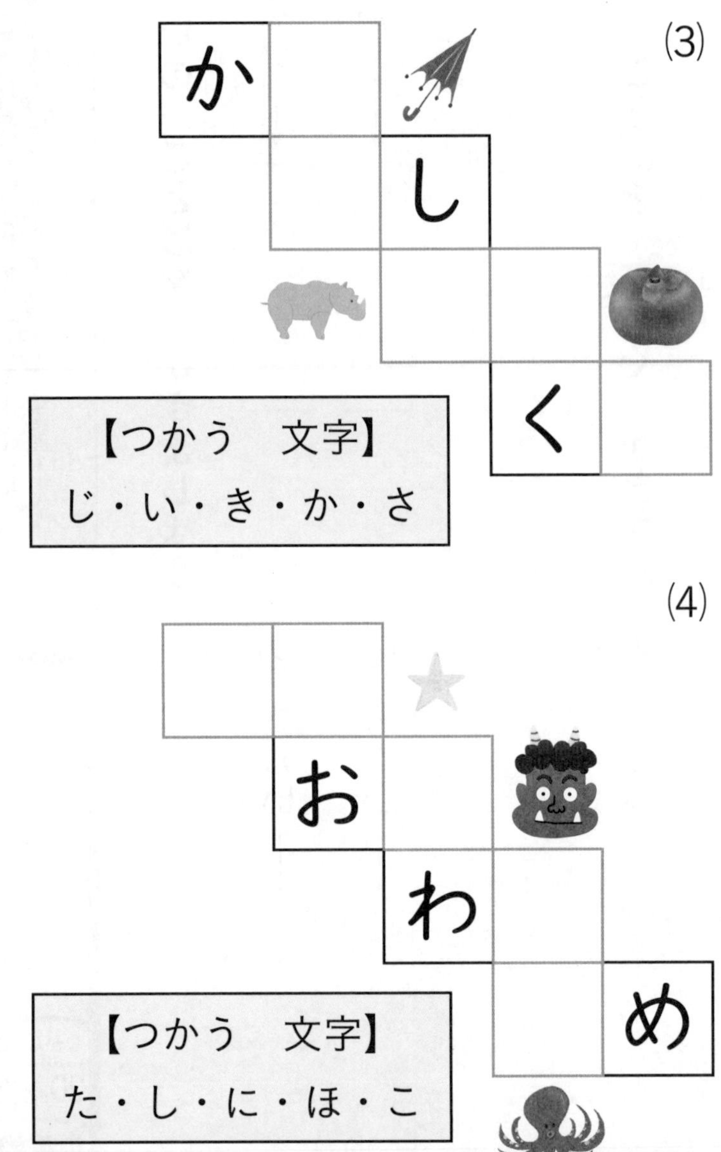

(3)

か
し
く

【つかう　文字】
じ・い・き・か・さ

(4)

お
わ
め

【つかう　文字】
た・し・に・ほ・こ

こくご 11 かたかなを かく

シール

なまえ　1年　くみ

じかん	ごうかく
20ぷん	80てん

とくてん　てん

月　日

こたえ→163ページ

1 つぎの えの なまえを かたかなで かきましょう。（40てん）一つ5

(1) [　　]　(2) [　　]

(3) [　　]　(4) [　　]

(5) [　　]　(6) [　　]

(7) [　　]　(8) [　　]

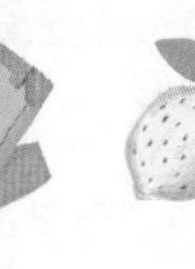
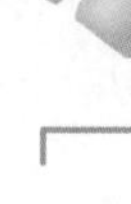

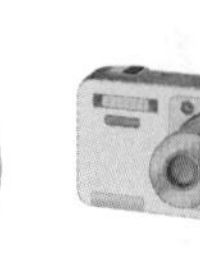

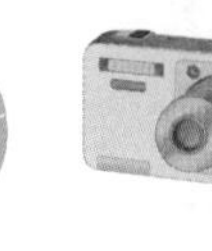

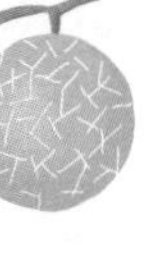

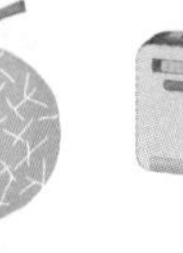

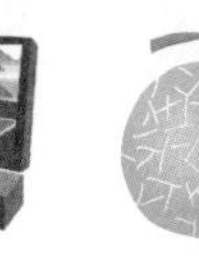

2 つぎの どうぶつの なきごえを かたかなで かきましょう。（30てん）一つ5

(1) [　　]　(2) [　　]

(3) [　　]　(4) [　　]

(5) [　　]　(6) [　　]

3 えを 見て、出る 音を かたかなで かきましょう。（30てん）一つ6

(1) [　　]　(2) [　　]

(3) [　　]　(4) [　　]

(5) [　　]

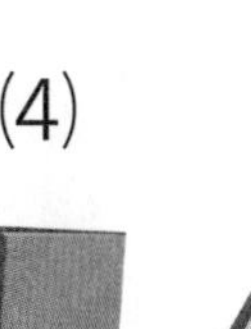

えに　あう　ことば ②

こたえ→164 ページ

月　　日

もんだい

えに　あう　ことばを、かたかなで　かきましょう。

目（もく）ひょうじかん　5ふん

(1) パ□

(2) オ□ン□

(3) □ー□

(4) □□□

(5) □ア□

(6) テ□□ル

なぞなぞだよ。
さわると　手（て）が　ふるえる
かぐは　なーんだ？

こたえ：テーブル

こくご 12

かん字の よみかき ①

シール

なまえ　1年　くみ

じかん 20ぷん　ごうかく 80てん

とくてん　てん

月　日

こたえ→164ページ

1 つぎの かん字に よみがなを つけましょう。（16てん）一つ1

(1) 大きな 木 〔　〕〔　〕

(2) 山の 中 〔　〕〔　〕

(3) 男の子 〔　〕〔　〕

(4) 川の 水 〔　〕〔　〕

(5) 小さな 月 〔　〕〔　〕

(6) 上と 下 〔　〕〔　〕

(7) 三こ 〔　〕

(8) 七ひき 〔　〕

(9) 八人 〔　〕

(10) 十まい 〔　〕

2 つぎの なかまに わけた かん字を かきましょう。（84てん）一つ4

(1) しょくぶつに かんけいの ある かん字

き □　はやし □　もり □　はな □　たけ □　くさ □

(2) 人の からだに かんけいの ある かん字

くち □　みみ □　て □　め □　あし □

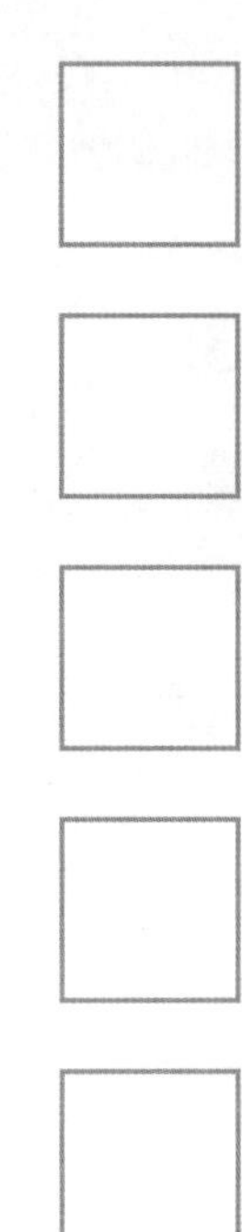

(3) よう日の かん字

にち □　げつ □　か □　すい □　もく □　きん □　ど □

(4) いろの かん字

しろ □　あか □　あお □

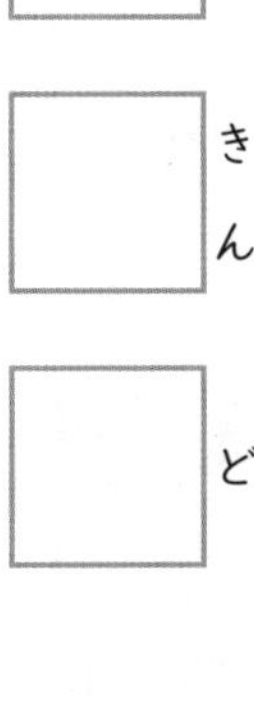

こくご⑫ えに あう かん字

こたえ→164ページ

月　日

もんだい

えに あう かん字を かきましょう。

目ひょうじかん

5ふん

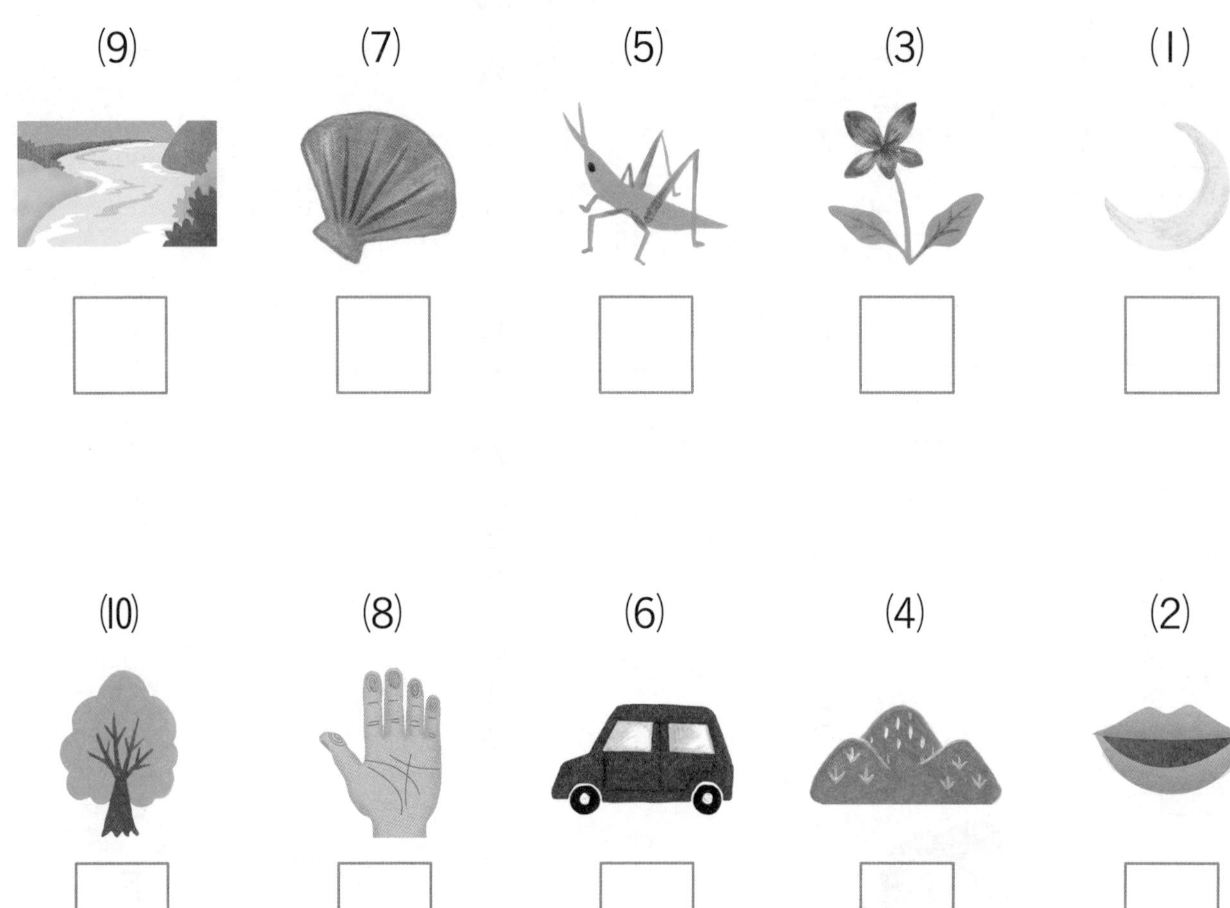

なぞなぞだよ。「あきち」の まんなかに ある ものは なーに？

こたえ：き

こくご 13

かん字(じ)の よみかき ②

シール

なまえ　1年　くみ

じかん 20ぷん　ごうかく 80てん

とくてん　てん

月　日

こたえ→164ページ

1 つぎの かん字(じ)に よみがなを つけましょう。(28てん) 一つ4

(1) 左と 右

(2) 女の 先生

(3) でん車

(4) 日の出

2 つぎの かん字を かきましょう。(48てん) 各完答一つ6

(1) [しろ]い [いぬ]

(2) [まち]と [むら]

(3) [きゅうじつ]

(4) [もり]と [はやし]

(5) [あか]い [いと]

(6) [ひゃくえん]

(7) [あお]い [はな]

(8) [がっこう]

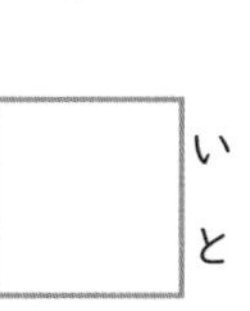
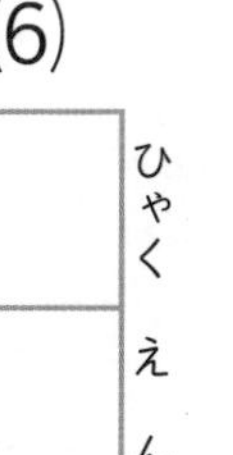
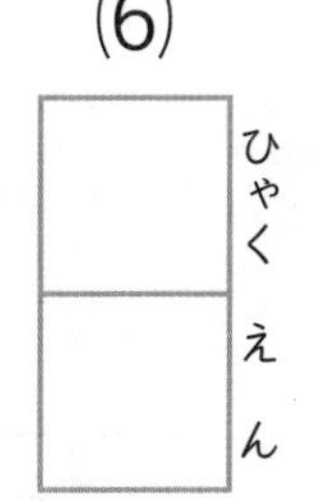

3 つぎの かん字に 二(ふた)とおりの よみがなを つけましょう。(24てん) 一つ2

(1) 年

(2) 音

(3) 正　しい

(4) 月

(5) 火

(6) 生　きる　む

ことばパズル ③

こたえ→164ページ　月　日

もんだい　あいて いる □に かん字を 入れて、二字の ことばを かんせいさせましょう。

目ひょうじかん　5ふん

(1)

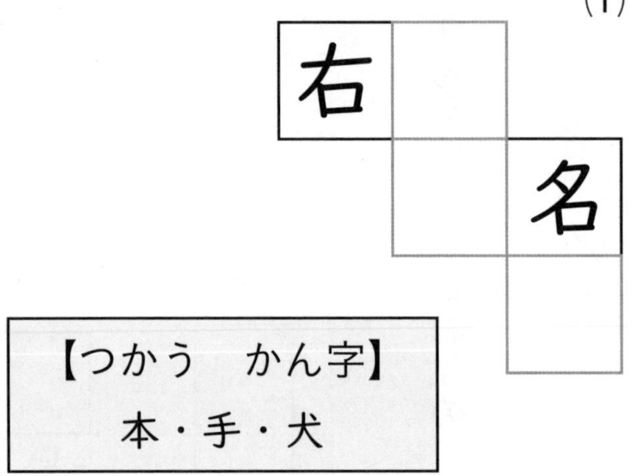

【つかう　かん字】
本・手・犬

(2)

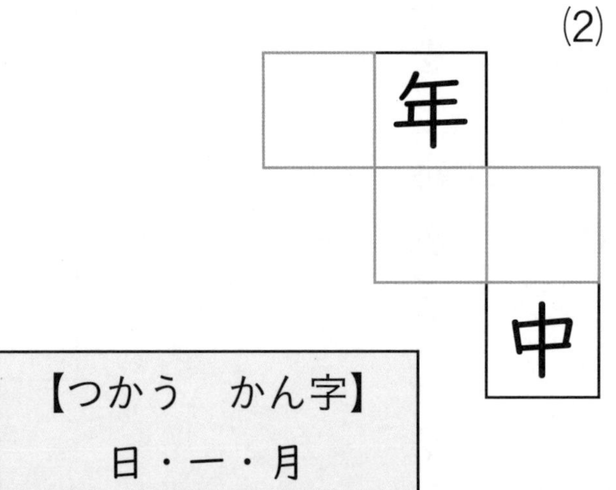

【つかう　かん字】
日・一・月

(3)

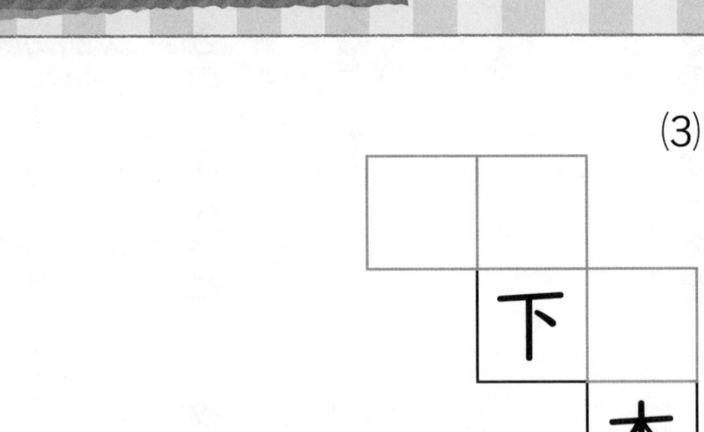

【つかう　かん字】
水・見・上

(4)

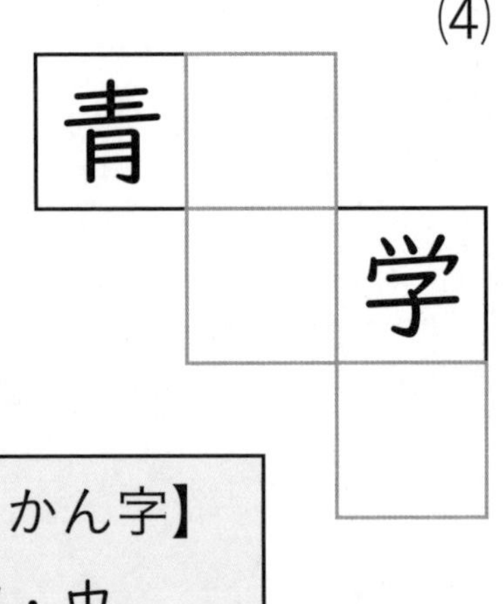

【つかう　かん字】
校・空・中

さんすう　せいかつ　こくご　こたえ

こくご 14

ひつじゅんと　かくすう

シール

なまえ

1年　くみ

じかん 20ぷん　ごうかく 80てん

とくてん　てん

月　日

こたえ→164ページ

1 ひつじゅんの　正しい　ほうに　○を　かきましょう。（60てん）一つ10

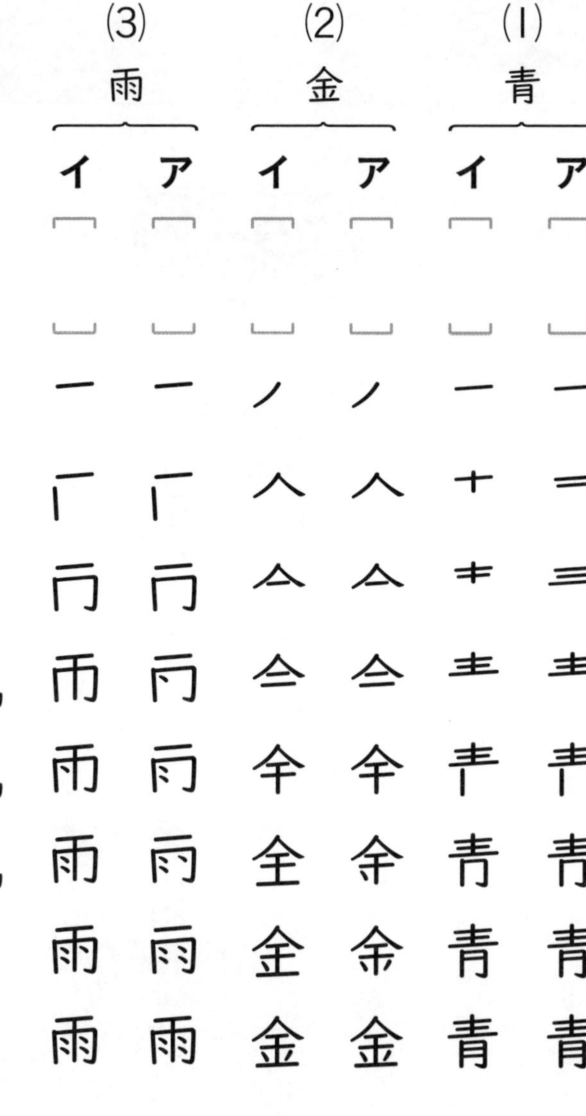

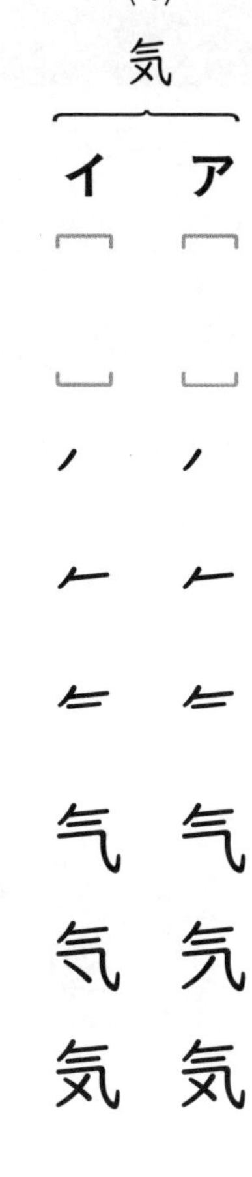

(1) 青　ア［　］　イ［　］

(2) 金　ア［　］　イ［　］

(3) 雨　ア［　］　イ［　］

(4) 気　ア［　］　イ［　］

(5) 生　ア［　］　イ［　］

(6) 耳　ア［　］　イ［　］

2 そうかくすうを　すう字で　かきましょう。（40てん）一つ5

(1) 女［　］かく　(2) 貝［　］かく

(3) 糸［　］かく　(4) 花［　］かく

(5) 字［　］かく　(6) 空［　］かく

(7) 子［　］かく　(8) 水［　］かく

かくすうめいろ

こたえ→164ページ　月　日

もんだい

正(ただ)しい　かくすうを　えらびながら　スタートから　ゴールまで　すすみましょう。

目(もく)ひょうじかん　5ふん

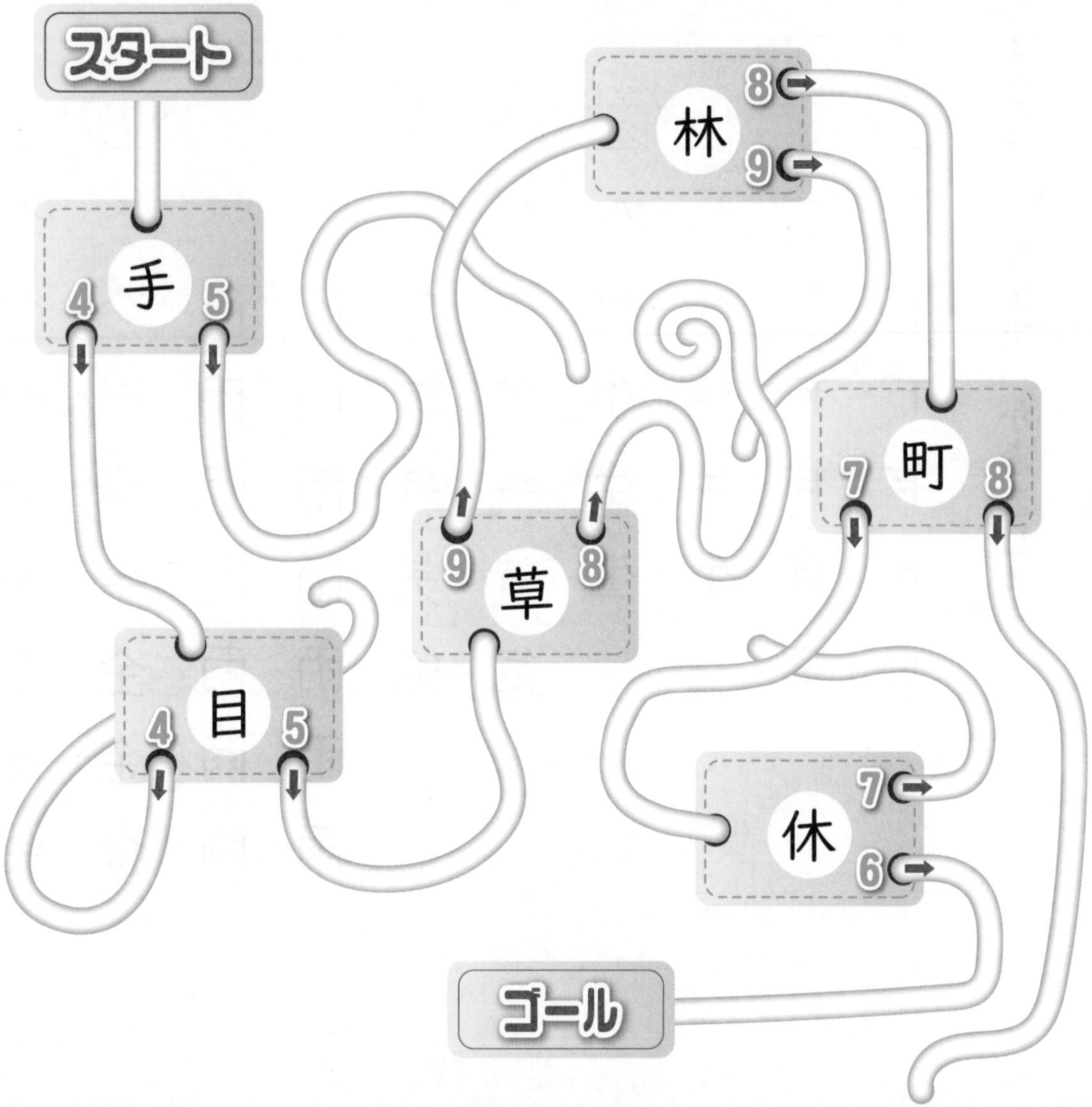

スタート
手　4　5
林　8　9
町　7　8
草　9　8
目　4　5
休　7　6
ゴール

ひつじゅんにも　気(き)を　つけて　かくように　しよう。

こくご 15

ことばの つかいかた

シール

なまえ　1年　くみ

こたえ→164ページ

じかん 20ぷん　ごうかく 80てん

月　日

とくてん　てん

1 **上の ことばと 下の ことばが つながるように ――で むすびましょう。** (30てん)一つ5

(1) はやい・		・うみ
(2) ひろい・		・なつ
(3) 赤い・		・かみなり
(4) たかい・		・しんかんせん
(5) あつい・		・木
(6) こわい・		・りんご

2 **「　」に あてはまる ことばを、□から えらんで かきましょう。** (40てん)一つ10

(1) きのうは、日よう日「　　」。

(2) あしたは、えん足「　　」。

(3) つくえの 上に こくごの 本が「　　」。

(4) 校ていの 小やに うさぎが「　　」。

あります・です・います・でした

チャレンジ

3 **つぎの ことばに つづく ことばを □から えらんで 「　」に かきましょう。** (30てん)一つ10

(1) ひもを「　　」。

(2) 水を「　　」。

(3) さかを「　　」。

すくう・くだる
たべる・むすぶ

えに　あう　ことば ③

こたえ→164ページ　月　日

もんだい　上（うえ）の　ことばと　あう　えを　えらんで、——で　むすびましょう。

目（もく）ひょうじかん　5ふん

(1) しましまもようの　シャツ

(2) もくもくした　くも

(3) ごつごつした　石（いし）

(4) にこにこがおの　赤（あか）ちゃん

(5) ふさふさの　たてがみ

ア 

イ 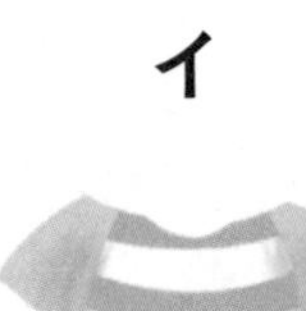

ウ 

エ 

オ

ようすを　あらわす　ことばだよ。

こくご 16

文(ぶん)を　よむ

シール

なまえ　1年　くみ

こたえ→164ページ

月　日

じかん 20ぷん　ごうかく 80てん

とくてん　てん

1 **つぎの　文(ぶん)に　あう　えを　こたえましょう。**（40てん）一つ10

(1) ひろばで　あそんで　いると　おとうとが　きました。［　］

(2) やおやさんへ　おつかいに　いって　きました。［　］

(3) おとうとと　なかよく　すわって　テレビを　見(み)ました。［　］

(4) いえに　かえって　すぐに　べんきょうを　しました。［　］

ア

イ

ウ

エ

チャレンジ
2 **つぎの　文しょうを　よんで　もんだいに　こたえましょう。**（60てん）一つ12

> きのう、わたしは　えん足(そく)に　いきました。どうぶつえんで、ぞうなどの　どうぶつを　見ました。おべんとうを　たべて　おいしかったです。

(1) いつの　ことですか。［　］

(2) どこへ　いきましたか。［　］

(3) そこで　なにを　しましたか。［　］［　］

(4) おべんとうは、どうでしたか。［　］

つづく文

こたえ→164ページ　月　日

もんだい　上の カードの 文に つづく カードを 下から えらんで、――で つなぎましょう。

目ひょうじかん　**5ふん**

(1) ぼくは、花の たねを たくさん まきました。

(2) その日は、雨が ザーザー ふって いました。

(3) どこかから とんぼが とんで きました。

ア だから、いっぱい 花が さくと おもいます。

イ すると、ちょうちょも ひらひら とんで きました。

ウ それに、つよい かぜも ふいて いました。

ようすを おもいうかべて、えらぼう。

こくご 17

文を かく ①

シール

なまえ　1年　くみ

こたえ→164ページ

月　日

じかん 20ぷん　ごうかく 80てん

とくてん　てん

1 ［　］に ばんごうを 入れて いみの よく わかる 文に しましょう。（20てん）各完答一つ10

(1)
［　］白くて 大きい
［　］うかんで います。
［　］ひろい うみに
［　］ふねが

(2)
［　］女の子が
［　］りょう手に
［　］赤い ふくを きた
［　］どうわの 本を
［　］もって いました。

2 ［　］に あう 字を 入れて、文を つくりましょう。（50てん）一つ10

(1) ばらの 花［　］すきです。
(2) とっきゅうでんしゃ［　］のります。
(3) いもうと［　］かさです。
(4) 大きい さかな［　］つりたいです。
(5) こうえん［　］いきます。

3 文が うまく つながるように、——で つなぎましょう。（30てん）一つ10

(1) 雨が	・	・	そよそよ ふいて います。
(2) こいが	・	・	ざあざあ ふって います。
(3) かぜが	・	・	すいすい およいで います。

文に あう え①

こたえ→164ページ

月　日

もんだい

つぎの 文しょうに あう えを えらびましょう。

目ひょうじかん　3ぷん

ピーターは、いつも ふさふさした ものを みに つけて、だれよりも つよい ことを じまんして いました。

しかし、きょうは すこし ちがいます。あつくて のどが からからで、なにか のみたくて しかたが ありません。

ア

イ

ウ

エ

［　　］

こくご 18

文(ぶん)を　かく ②

シール

なまえ

1年　　くみ

こたえ→164ページ

月　日

じかん 20ぷん　ごうかく 80てん

とくてん　　てん

1 **［　］に　あてはまる　ことばを　□の　なかから　えらんで　かきましょう。**（40てん）一つ10

はげしい　かぜが　ふいて　いました。［　　］　おつかいに　いきました。

［　　］　雨(あめ)まで　ふって　きました。［　　］、かさを　さしました。［　　］　やおやで　きゅうりと　トマトを　かいました。

すると　・　それから　・　だから　・　けれども

2 **○に　入(はい)る　文字(もじ)や　ことばを　□から　えらんで　入(い)れましょう。（おなじ　ものを　つかっても　かまいません。）**（60てん）各完答一つ12

(1) りす○、くり○　たべて　いる。

(2) ひろい　うみ○　ふね○　うかんで　いる。

(3) でんしゃ○、トンネル○○　出(で)て　きた。

(4) やくそく○　やぶる○○、いけません。

(5) おとうさん○　いっしょに　山(やま)○　のぼりました。

と・が・に・から・へ・で・のは・を

こくご⑱ おはなしめいろ

こたえ→165ページ　月　日

もんだい 文を つなげて スタートから ゴールまで すすみましょう。

目ひょうじかん 5ふん

＜スタート＞

ある はれた 日、空を 見上げました。

① ひろくて 青い 空です。
② くらくて せまい 空です。

① いまにも 雨が ふりそうです。
② お日さまが きらきらして います。

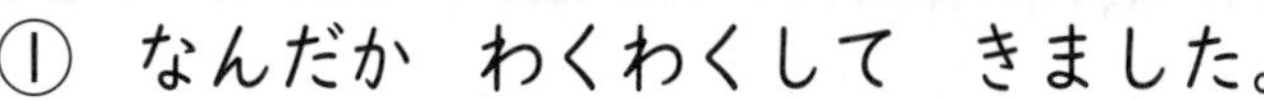

① なんだか わくわくして きました。
② なんだか かなしく なりました。

① くろい くもが うかんで います。
② 白い くもが うかんで います。

＜ゴール＞

こくご 19

文を かく ③

シール

なまえ　1年　くみ

こたえ→165ページ

じかん 20ぷん　ごうかく 80てん

月　日

とくてん　てん

1 つぎの 文しょうに 「、」を 四つ、「。」を 三つ つけましょう。（35てん）一つ5

やまばとが げん気に とんで いきました うさぎは 赤い 目を こすって おき上がりました そして やまばとが いない ことに 気づきました

2 つぎの しつもんの こたえの 文を つくりましょう。

(1) あなたは、男ですか。女ですか。（15てん）

［　　　］は、［　　　］。

(2) きのう、あなたは、なにを して あそびましたか。（20てん）

きのう、［　　　］は、［　　　］。

チャレンジ

3 えを 見て その ようすを かんがえて、くわしく 文に かきましょう。（30てん）一つ15

(1)

［　　　］

(2)

［　　　］

ことばに　あう　え

もんだい　つぎの　ことばに　あう　えを　えらびましょう。

目ひょうじかん　3ぷん

(1) げらげら　わらう。　［　　］

ア

イ

(2) のろのろ　あるく。　［　　］

ア

イ

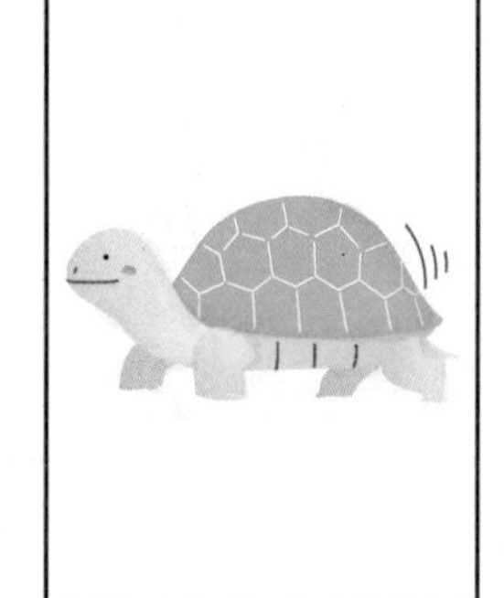

(3) しくしく　なく。　［　　］

ア

イ

(4) ざあざあ　ふる。　［　　］

ア

イ

こくご 20 チャレンジテスト 2

シール

なまえ　1年　くみ

こたえ→165ページ

月　にち

じかん 20ぷん　ごうかく 80てん

とくてん　てん

1 つぎの　かん字の　そうかくすうを　かきましょう。（20てん）一つ5

(1) 車［　］かく　(2) 虫［　］かく

(3) 竹［　］かく　(4) 足［　］かく

2 つぎの　かん字を　よんだり　かいたり　しましょう。（50てん）一つ5

(1) 女の子が　立って　いる。

(2) 川の　音を　きく。

(3) □（て）に　□（ちから）を　□（い）れる。

(4) □（きん）よう　□（び）。

3 つぎの　文しょうを　よんで　もんだいに　こたえましょう。（30てん）一つ10

トンネルの　そとでは、雨が　土に　はねかえって、白い　花が、つぎつぎに　さくように　みえました。
むこうから、のぼるさんの　おかあさんが、はしって　きました。
かさを　二本　もって　いました。
（「ゆうだち」）

(1) 土に　はねかえった　雨は、どのように　みえましたか。
［　　　］

(2) むこうから、だれが　はしって　きましたか。
［　　　］

(3) なにを　もって　いましたか。
［　　　］

クロスワード①

こたえ→165ページ　月　日

もんだい

たてと よこに あてはまる ことばを 入（い）れて かんせいさせましょう。

目（もく）ひょうじかん 7ふん

【たての かぎ】

(1) しおひがりで よく とる かい。

(2) うみに すむ、足（あし）が たくさん ある 生（い）きもの。

(3) こうえんに ある スコップを つかって あそぶ ところ。

【よこの かぎ】

(1) 「○○○クリーム」は、あまくて つめたい。

(4) 川（かわ）や うみに すみ、ひれが ある 生きもの。

(1)	(2)	(3)
(4)		
	■	

こくご 21

文（ぶん）しょうを よむ ①

シール

なまえ

1年　くみ

こたえ→165ページ

月　日

じかん 20ぷん　ごうかく 80てん

とくてん　てん

1 **つぎの 文（ぶん）しょうを よんで もんだいに こたえましょう。**

雨（あめ）が やんで、お日（ひ）さまが かおを 出（だ）しました。空（そら）に、うつくしい にじが かかりました。
ぼくたちは、にじの むこうまで いこうと おもいました。
ぼくたちは、どんどん はしって いきました。
川（かわ）を わたりました。

チャレンジ

(1) どんな 天気（てんき）ですか。（20てん）

［　　　］

(2) 空には、なにが かかりましたか。（20てん）

［　　　］

(3) ぼくたちは、どう おもいましたか。（20てん）

［　　　］

(4) ぼくたちは、どう しましたか。（40てん）一つ20

［　　　］［　　　］

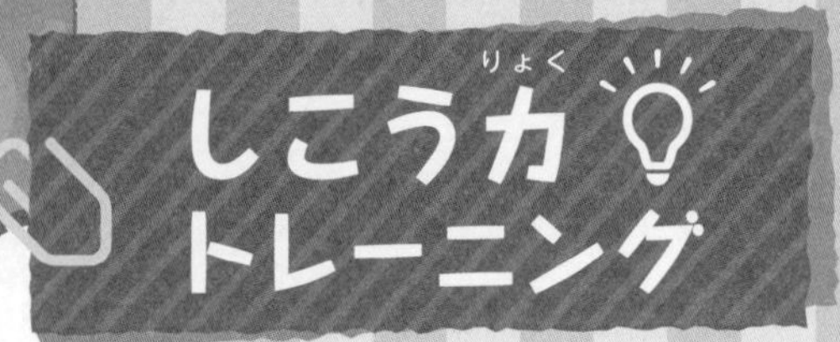

こくご㉑

ならべかえ　文づくり②

こたえ→165ページ　月　日

もんだい　つぎの　ことばを　ならべかえて　正しい　文を　つくりましょう。

目ひょうじかん　5ふん

(1) ちらちら

(2) 女の子は

(3) おもいました。

(4) ゆきが

(5) つもったらいいなと

(6) ふって　きました。

［　］→［　］→［　］→［　］→［　］→［　］

「ちらちら」は　なんの　ようすかな？

こくご 22

文しょうを よむ ②

シール

なまえ

1年 くみ

じかん 20ぷん ごうかく 80てん

とくてん てん

月 日

こたえ→165ページ

1 つぎの 文しょうを よんで もんだいに こたえましょう。

むかし、むかし、ある ところに、おじいさんと おばあさんが ありました。まいにち、おじいさんは 山へ しばかりに、おばあさんは 川へ せんたくに いきました。

ある 日、おばあさんが、川の そばで、せっせと せんたくを して いますと、川上から、大きな ももが 一つ、

「ドンブラコッコ、スッコッコ。
ドンブラコッコ、スッコッコ。」

と ながれて きました。

「おやおや、これは みごとな ももだ こと。おじいさんへの おみやげに、どれどれ、うちへ もって かえりましょう。」

（くすやま まさお「ももたろう」）

(1) いつの ことですか。（20てん）

［　　　］

(2) ある ところに、だれが いましたか。（20てん）一つ10

［　　　］と［　　　］

(3) ある 日、おばあさんは、どこへ なにを しに いきましたか。（20てん）一つ10

・どこへ［　　　］

・なにを しに［　　　］

チャレンジ (4) おばあさんが、川の そばに いると、どんな ことが おきましたか。（20てん）

［　　　］

チャレンジ (5) おばあさんが ももを もって かえったのは、どうしてですか。（20てん）

［　　　］

えに あう ことば ④

こたえ→165ページ

月　日

もんだい

上（うえ）の えに あう ことばを えらんで、——で むすびましょう。

目（もく）ひょうじかん　5ふん

(1) 　ア　キラキラ

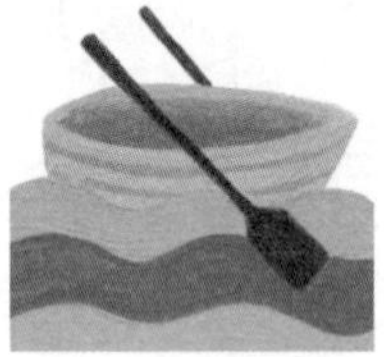

(2)　イ　ぐんぐん

(3)　ウ　ワンワン

(4)　エ　ゴロゴロ

(5)　オ　ゆらゆら

こくご 23

文しょうを よむ ③

シール

なまえ 1年 くみ

こたえ↓165ページ

じかん 20ぷん ごうかく 80てん

月 日

とくてん てん

1 つぎの 文しょうを よんで もんだいに こたえましょう。

> ガタ、ガタ、ガタ
> ブルドーザーは、土を けずります。てつの いたを うごかして、じめんの たかい ところを けずりとるのです。
> ガタ、ガタ、ガタ
> ブルドーザーは、土を はこびます。てつの いたで おしながら、じめんの ひくい ところへ 土を はこぶのです。

(1) ガタ、ガタ、ガタと いうのは、なんの 音ですか。(20てん)

[　　　　]

(2) ブルドーザーは、土を けずる とき、どのように すると、かいて ありますか。(20てん)

[　　　　]

(3) ブルドーザーは、土を はこぶ とき、どのように すると、かいて ありますか。(20てん)

[　　　　]

(4) チャレンジ ブルドーザーの しごとが 二つ かいて あります。どんな しごとですか。(40てん) 一つ20

[　　　　しごと。]

[　　　　しごと。]

文(ぶん)に あう え ②

こたえ→165ページ　月　日

もんだい　つぎの 文(ぶん)に あう えを えらびましょう。

目(もく)ひょうじかん　5ふん

(1) かぞくで 夕(ゆう)ごはんを たべました。

(2) いけの 中(なか)に めだかが います。

(3) 男(おとこ)の子(こ)と 女(おんな)の子が 手(て)を つないで あるいて います。

(4) うたいながら ピアノを ひいて います。

(1)［　　］　(2)［　　］　(3)［　　］　(4)［　　］

ア

イ

ウ

エ

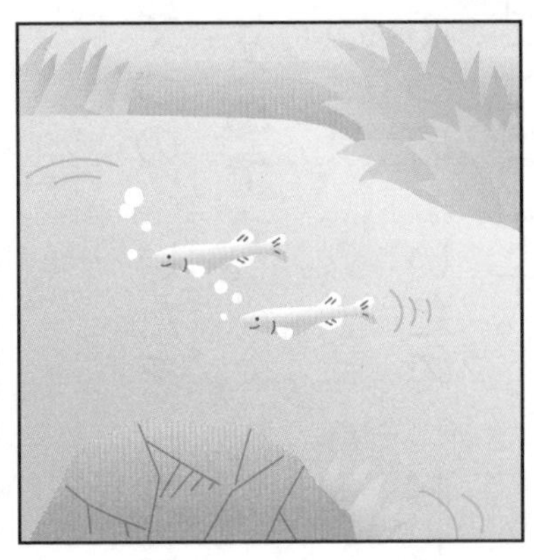

だれが なにを して いるかを つかもう。

こくご 24

文しょうを よむ ④

シール

なまえ　1年　くみ

じかん 20ぷん　ごうかく 80てん

とくてん　てん

月　日

こたえ→165ページ

1 つぎの 文しょうを よんで もんだいに こたえましょう。

きのう、わたしは、さっちゃんと うらの 林へ どんぐりひろいに いきました。どんぐりは、大きな 木の 下に、はっぱに まじって おちて いました。さっちゃんが、
「わあ、いっぱい あるよ。」
と いいました。
わたしも さっちゃんも、ポケットに いっぱい ひろいました。大きくて まるい どんぐりでした。土が いっぱい ついて、ざらざらして いました。
どんぐりごま つくろう。
と、わたしが いいました。

(1) どんな おはなしですか。(40てん)一つ10
① いつ［　］　② だれと［　］
③ どこで［　］
④ なにを した［　］

(2) どんぐりは どんな ところに おちて いましたか。(20てん)［　］

(3) どんぐりは、(30てん)一つ15
・どんな どんぐりでしたか。［　］
・どう なって いましたか。［　］

(4) 文しょうの なかに わたしの いった ことばが あります。そこに「　」を つけましょう。(10てん)

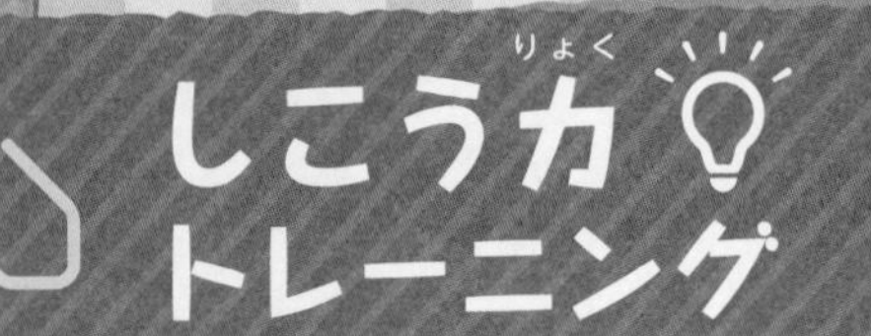

こくご㉔ つづきの ことば

こたえ→165 ページ

月　日

もんだい

上の ことばの つづきに あう ことばを えらんで、――で むすびましょう。

目ひょうじかん 5ふん

(1) うみが ・　・ ア うすい

(2) じかんが ・　・ イ やすい

(3) 人が ・　・ ウ 早い

(4) あじが ・　・ エ すくない

(5) ねだんが ・　・ オ いたい

(6) おなかが ・　・ カ ちかい

つづけて よんで みてね。

こくご 25

文しょうを よむ ⑤

シール

なまえ　1年　くみ

じかん 20ぷん　ごうかく 80てん　とくてん　てん

月　日

こたえ→165ページ

1 つぎの 文しょうを よんで もんだいに こたえましょう。

> おばあちゃん、おげん気ですか。
> なつ休みに おばあちゃんの いえに あそびに いきます。
> おばあちゃんの つくって いる はたけの やさいを たべる
> のが いまから たのしみです。
> おばあちゃん、まって いて くださいね。
> 　　　　　　　　　　　　　　　　　　　花子
> おばあちゃんへ

(1) だれが だれに かいた 手がみですか。（30てん）一つ15

① だれが［　　］

② だれに［　　］

(2) いつ あそびに いくのですか。（20てん）

［　　］

(3) チャレンジ なにが たのしみと いって いますか。（25てん）

［　　］

(4) 「まって いて くださいね」と ありますが、だれが どうするのを まって いて もらいたいのですか。（25てん）

［　　］

かくされた　ことば

こたえ→166 ページ　月　日

もんだい

手がみが　やぶれて　よめない　ところが　あります。なにが　かいて　あったか　かんがえて　あとから　えらびましょう。

目ひょうじかん　5ふん

おかあさん、(1)は　えん足です。

おかの　うえの　こうえんに　いきます。

おかあさんの　(2)　おべんとうが　いまから

たのしみです。

おべんとうには　からあげと　きいろい　ふわふわの

(3)と　たこの　ウインナーを　ぜったいに

入れて　ください　ね。

(4)。

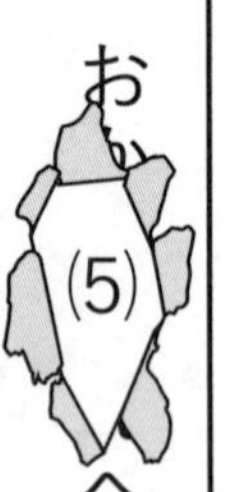

おかあさんへ (5)

まなみ

ア　おとうさん　　イ　かまぼこ
ウ　あした　　エ　たべた
オ　きのう　　カ　がんばります
キ　たまごやき　　ク　おかあさん
ケ　つくった　　コ　おねがいします

(1)［　　］ (2)［　　］ (3)［　　］ (4)［　　］ (5)［　　］

しを よむ ①

シール

なまえ　1年　くみ

じかん 20ぷん　ごうかく 80てん

とくてん　　てん

月　日

こたえ→166ページ

1 **つぎの しを よんで もんだいに こたえましょう。**

学校の
げんかんを 出たら
びゅうびゅう
かぜが きた。
どうろでは、
かみくずが
木のはのように
ころころと
はしって いる
わたしも、
かぜに ふかれて
はしった。

(1) かぜは どんな 音を 出して います か。(15てん)

[　　　　]

(2) ころころと はしって いるのは なん ですか。(15てん)

[　　　　]

(3) 学校へ いく ときですか。かえる とき ですか。(15てん)

[　　　　]

それは どの ことばで わかりますか。(15てん)

[　　　　]

(4) わたしは どこで はしったのですか。(15てん)

[　　　　]

(5) かみくずが なにのように 見えるのですか。(15てん)

[　　　　]

(6) 〜〜から かぜは どちらから ふいて きますか。つぎから 一つ えらんで ○を かきましょう。(10てん)

ア [　] まえ

イ [　] うしろ

ウ [　] した

かん字(じ)しりとり

こたえ→166ページ　月　日

もんだい

【れい】のように　かん字(じ)の　しりとりに　なるように □ に　あてはまる　かん字を　あとから　えらんで　かきましょう。

目(もく)ひょうじかん　5ふん

【れい】

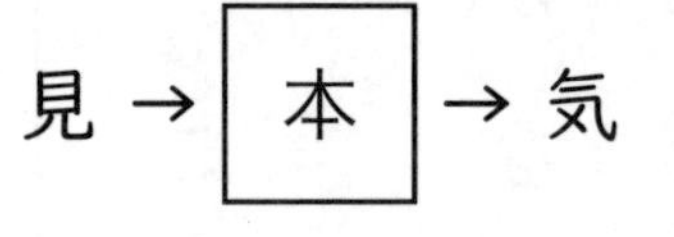

見→本→気

(1) 草→□→火

(2) 右→□→本

(3) 先→□→日

(4) 大→□→石

花　小　手　月

こくご 27

しを よむ ②

シール

なまえ 1年 くみ

こたえ→166ページ

じかん 30ぷん ごうかく 75てん とくてん てん 月 日

1 つぎの しを よんで もんだいに こたえましょう。

[　　　　]

ぐるーぷ・めだか

ツン　タタ　ツン　タ
みぎむいて　ピン
ツン　タタ　ツン　タ
ひだりむいて　ピン
ぼくら　おがわの　たんけんたい
せびれ　そろえて　ツン　タッタ
かえる　よこめに
ツン　タタタ
こぶな　おいかけ
ツン　タタタ
ぼくら　おがわの　たんけんたい
めだま　ひからせ　ツン　タッタ
ツン　タタ　ツン　タ
みずくさ　チョン

（くどうなおこ「のはらうた」）

(1) なにが　どこで　どうする　ようすを　かいて　いるで　しょう。（25てん）

[　　　　]

(2) 「ぼくら」とは、なんですか。（25てん）

[　　　　]

(3) この　しの　よみかたで　よい　もの　一つに　○を　かきましょう。（25てん）

ア [　] ゆっくりと　よむ。
イ [　] テンポ　よく　よむ。
ウ [　] かなしそうに　よむ。

(4) この　しの　だいめいで　よい　もの　一つに　○を　かきましょう。（25てん）

ア [　] おがわの　マーチ
イ [　] はるの　おがわ
ウ [　] めだかの　ひとりごと

ようすを　おもい　うかべて　みよう。

かくされた かん字（じ）

こたえ→166ページ　月　日

もんだい

かん字（じ）の 上（うえ）に はっぱが のって います。もとの かん字を 正（ただ）しく かきましょう。

目（もく）ひょうじかん 5ふん

(1)

(2)

(3)

(4)

(5)

(6)

(7)

(8)

かくれて いる ところを かんがえよう。

こくご 28

しを　よむ③

シール

なまえ　1年　くみ

じかん 30ぷん　ごうかく 80てん　とくてん　てん

月　日

こたえ→166ページ

1 **つぎの　しを　よんで　もんだいに　こたえましょう。**

おひさま　きらきら
ゆきを　とかす
小川(おがわ)を　てらす

□

あたたかな　かぜが
はるの　においを
はこんで　きた

つくしも　ぐんぐん
のびて　きて
たんぽぽも　ぴんと
せすじを　のばす

まけじと　わたしも
ぐーんと　大(おお)きく
せのびした

(1) この　しの　きせつは　いつですか。（20てん）

［　　　］

(2) 小川を　てらして　いるのは　なんですか。（20てん）

［　　　］

(3) □に　あてはまる　ことばを　つぎから　一(ひと)つ　えらんで　○を　かきましょう。（20てん）

ア［　］きちんと
イ［　］さらっと
ウ［　］ふわりと

チャレンジ (4) つくしは　どんな　ようすですか。（20てん）

［　　　］

(5) わたしは　なにを　見(み)て　まけじと　せのびを　したのですか。（20てん）一つ10

［　　　］と［　　　］

かん字たしざん

こたえ→166ページ　月　日

もんだい

【れい】のように　かん字の　たしざんを　して　できた　かん字を　かきましょう。

目ひょうじかん　5ふん

【れい】

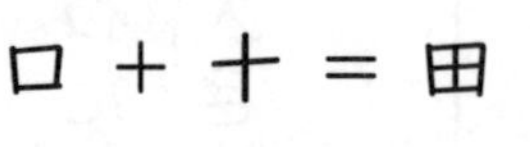

(1) 木＋林＝□

(2) 田＋力＝□

(3) 木＋一＝□

(4) 日＋十＝□

(5) 夕＋口＝□

(6) 立＋日＝□

こくご 29 チャレンジテスト 3

シール

なまえ 1年 くみ

こたえ→166ページ

じかん 20ぷん ごうかく 80てん

月 日

とくてん てん

1 つぎの 文(ぶん)しょうを よんで もんだいに こたえましょう。

みどりさんは しばふに すわって、めいさんと いっしょに、おべんとうを たべました。みかんも たべました。それから、みんなで 手(て)つなぎおにを しました。みどりさんは、はしの ところで つかまって しまいました。

(1) みどりさんは、どこに すわりましたか。（20てん）

(2) だれと いっしょに おべんとうを たべましたか。（20てん）

(3) みんなで なにを しましたか。（20てん）

(4) (3)を した とき、みどりさんは、どう なりましたか。（20てん）

2 上(うえ)の えの なまえに 「〝」を つけると、下(した)の えの なまえに なります。なにに なるか かきましょう。（20てん）一つ5

(1) 〝

(2) 〝

(3) 〝

(4) 〝

クロスワード②

もんだい

たてと　よこに　あてはまる　ことばを　入れて　かんせいさせましょう。

目ひょうじかん　7ふん

【たての　かぎ】

(1) オットセイに　にた　うみの　生きもの。

(2) くびの　ながい　どうぶつ。

【よこの　かぎ】

(1) あんこを　つくる　ときに　つかう　まめ。

(3) あつくて　まっかな　ものが　ふき出して　できた　山。

(1)		(2)
	■	
(3)		

わかる　ところから　かきこんで　みよう。

こくご 30 しあげテスト 1

シール

なまえ　1年　くみ

じかん 20ぷん　ごうかく 80てん

とくてん　てん

月　日

こたえ→166ページ

1 つぎの かん字(じ)を かきましょう。(68てん)一つ4

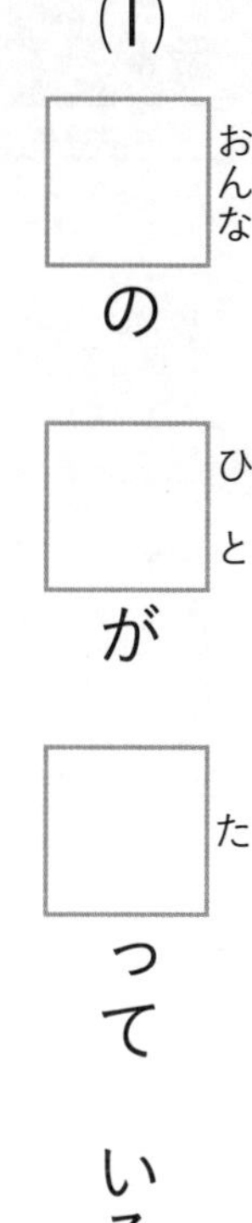

(1) [　](おんな)の [　](ひと)が [　](た)って いる。

(2) [　](しろ)い [　](かい)。

(3) [　](あか)い [　](くるま)が [　](み)える。

(4) [　　](がっこう)を [　](やす)む。

(5) [　　](こいし)を なげた [　](おと)。

(6) [　](もり)や [　](はやし)に [　](あめ)が ふる。

2 つぎの 文(ぶん)しょうを よんで もんだいに こたえましょう。

> ぼくの おとうさんは、大(だい)くさんです。いつも いつも、たいように てらされて いるので いろが まっくろです。手(て)は グローブのようです。その 大(おお)きな 手に 金(かな)づちを もって、大きな いえを たくさん たてて います。

(1) おとうさんの しごとは なんですか。(10てん)

[　　　　]

(2) おとうさんの いろが くろいのは どうしてですか。(10てん)

[　　　　]

チャレンジ
(3) 「手は グローブのよう」から、どんな 手だと わかりますか。(12てん)

[　　　　]

こたえ→166ページ　月　日

かん字（じ）の　くみたて

もんだい

【れい】のように　バラバラに　なった　かん字（じ）を　正（ただ）しい　かたちに　なおして　かきましょう。

目（もく）ひょうじかん　5ふん

【れい】
・十　一　［土］

(1) 工　宀　儿　［　　］

(2) 丶　木　寸　［　　］

(3) ⺄　𠂉　㐅　丨　［　　］

(4) 二　丷　人　丄　［　　］

(5) 了　冖　一　⺍　［　　］

いちに　よく　ちゅういしてね。

こくご 31

しあげテスト2

シール

なまえ　1年　くみ

こたえ→166ページ

じかん 20ぷん　ごうかく 80てん

とくてん　てん

月　日

1 正しい ほうの［　］に ○を かきましょう。（10てん）一つ2

(1) ア［　］よおふく　イ［　］ようふく

(2) ア［　］とけい　イ［　］とけえ

(3) ア［　］たいく　イ［　］たいいく

(4) ア［　］きんぎょ　イ［　］きんぎょう

(5) ア［　］ひとつずき　イ［　］ひとつづき

2 つぎの ことばを 正しく かきなおしましょう。（30てん）一つ5

(1) こおえん［　］

(2) いらつしゃい［　］

(3) おみあげ［　］

(4) がつきゆう［　］

(5) こんにちわ［　］

(6) しゆつぱつ［　］

3 ［　］に あう ことばを □から えらんで 入れましょう。（一かいずつ つかうこと。）（30てん）一つ6

(1) めだかが［　］およいで います。

(2) たいこを［　］たたいて います。

(3) 雨が［　］やみました。

(4) では［　］でかけましょう。

(5) みんな［　］きいて います。

さっそく　しずかに　ドンドン　すいすい　すっかり

4 つぎの えの なまえを かたかなで かきましょう。（30てん）一つ5

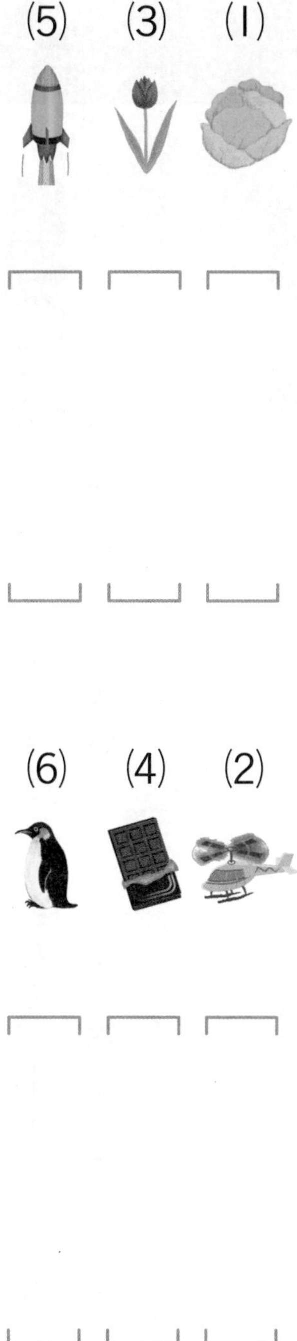

(1)［　］

(2)［　］

(3)［　］

(4)［　］

(5)［　］

(6)［　］

文（ぶん）に あう え ③

こたえ→166 ページ　月　日

もんだい　つぎの 文（ぶん）しょうを よんで、(1)〜(3)を はなした ときの ようすに あう えを えらびましょう。

目（もく）ひょうじかん　5ふん

みちを あるいて いると はしって きた 女（おんな）の 人（ひと）が ハンカチを おとしました。

(1)「すみませーん。」

女の 人を おいかけて よびました。すると 女の 人が ふりかえりました。

(2)「ハンカチを おとしましたよ。」

女の 人は、はじめ びっくりした かおを しましたが、すぐに えがおに なって、

(3)「ありがとう。」

と いって、ハンカチを うけとりました。なんだか むねが あたたかく なりました。

ア

イ

ウ

(1)［　　］　(2)［　　］　(3)［　　］

こくご 32

しあげテスト3

シール

なまえ

1年　くみ

じかん 20ぷん　ごうかく 80てん

とくてん　てん

月　日

こたえ↓166ページ

1 はんたいの ことばを かん字で かきましょう。（30てん）一つ5

(1) 入る［　　　］　(2) 女［　　　］　(3) 小さい［　　　］

(4) 右［　　　］　(5) 上［　　　］　(6) あと［　　　］

2 つぎの 文に、「、」を 三つ 「。」を 三つ つけましょう。また、はなした ことばの ところには 「 」を 一つ つけ、ぎょうを かえて、マスめに かきなおしましょう。（40てん）

わたしはきょうおかあさんとデパートへいきました
おかあさんはなにかかってあげるわといってくれました

わ

3 つぎの ものの かぞえかたを □から えらんで、［　］に きごうを かきましょう。（30てん）一つ5

(1) いえ［　　　］　(2) ぞう［　　　］

(3) くつ［　　　］　(4) ふね［　　　］

(5) とり［　　　］　(6) 本［　　　］

ア そく	イ わ
ウ とう	エ さつ
オ せき	カ けん

ものの　かぞえかた

もんだい　つぎの　ものの　かぞえかたを　えらんで　――で　むすびましょう。

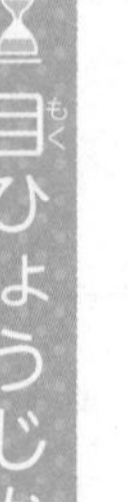

5ふん

(1) 車（くるま）　・　・　**ア**　一（いっ）つう

(2) しゃしん　・　・　**イ**　一（いち）まい

(3) 手（て）がみ　・　・　**ウ**　一本（いっぽん）

(4) いす　・　・　**エ**　一（ひと）たま

(5) えんぴつ　・　・　**オ**　一だい

(6) キャベツ　・　・　**カ**　一きゃく

キャベツは、「一こ」でもいいよ。

こたえ 1年

●おうちの方へ●

お子さまに問題のポイントや注意点をわかりやすく説明できるように，アドバイスや注意をつけましたので，ご参照ください。生活科の学習では，学校や地域によって活動や体験が異なり，さまざまな学習内容が考えられます。お子さまの学習の実態に応じてご指導いただきますように，お願いいたします。

さんすう

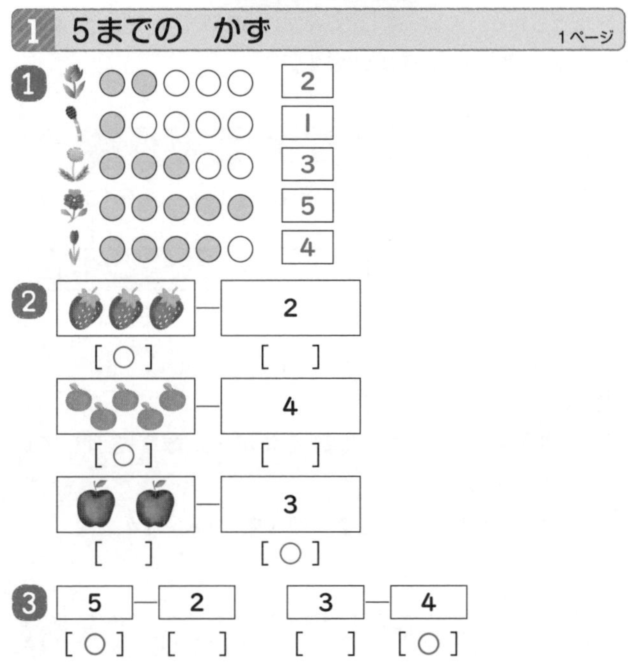

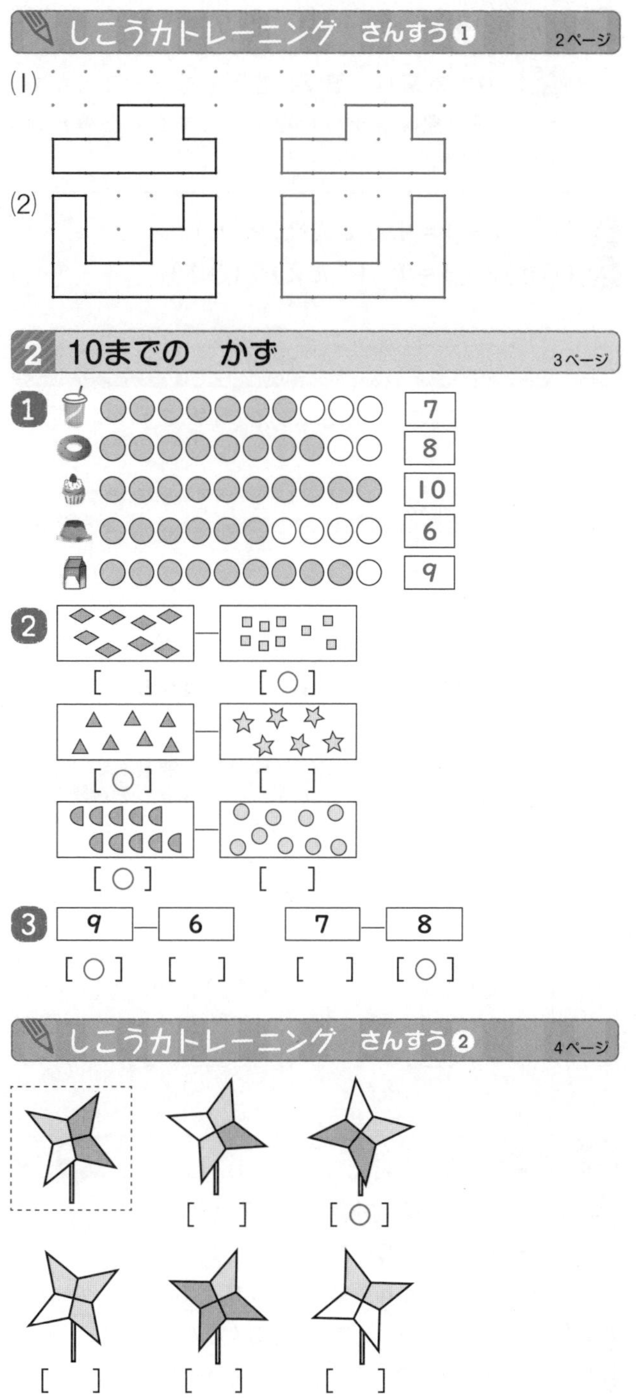

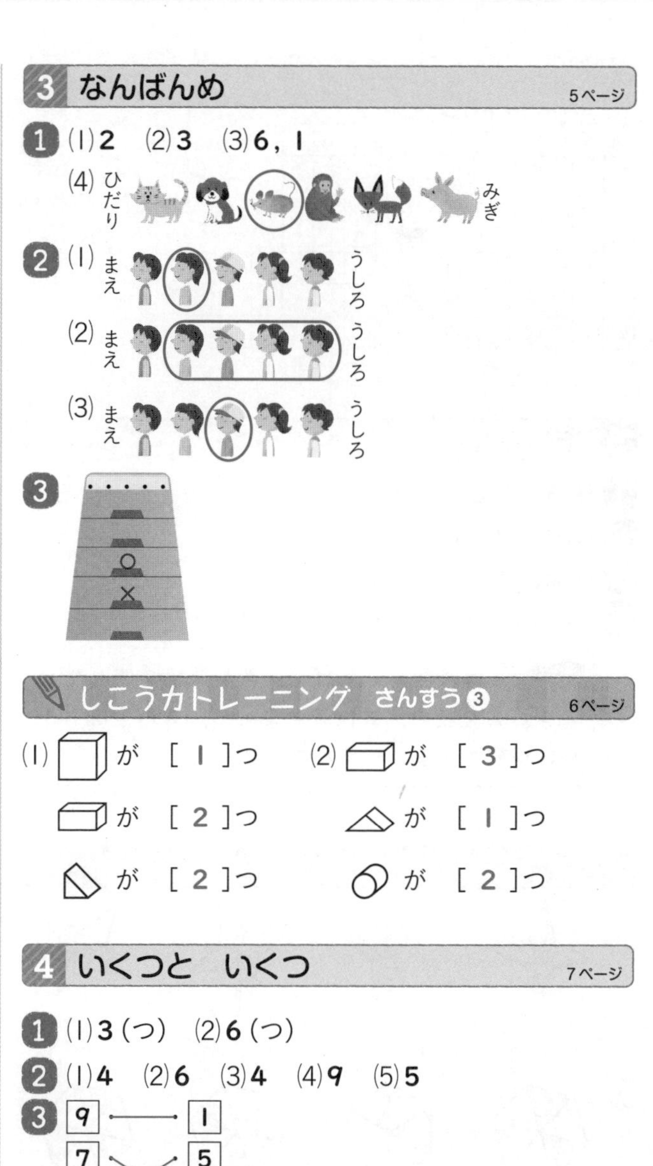

4 いくつと　いくつ　7ページ

1 (1)3（つ）　(2)6（つ）

2 (1)4　(2)6　(3)4　(4)9　(5)5

3 9—1　7—3　5—5　4—6　2—8　6—4

注意　10の分解は重要です。すばやく言えるよう，練習しましょう。

しこう力トレーニング　さんすう❹　8ページ

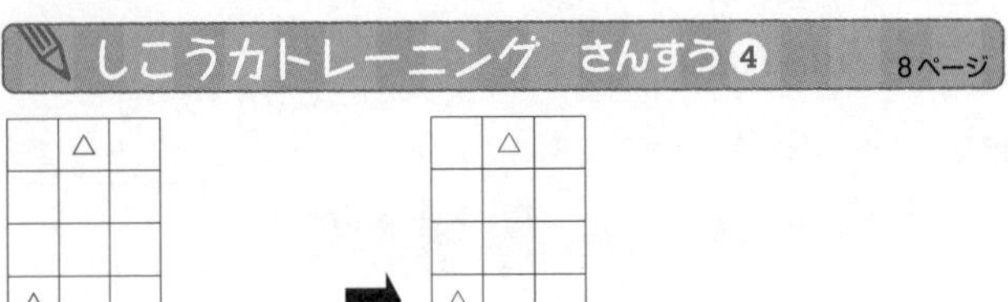
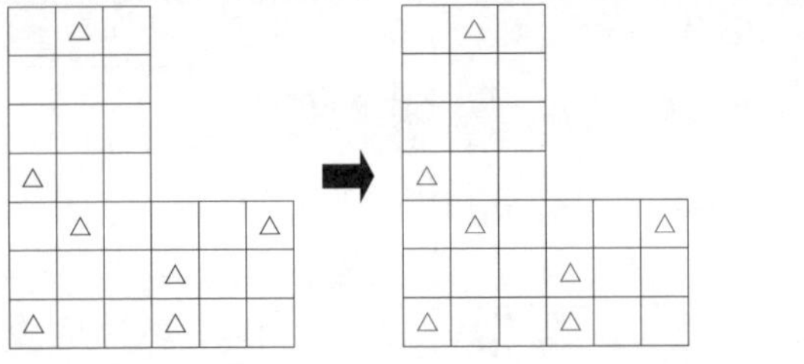

5 たしざん ①　9ページ

1 (1)**6**　(2)**8**　(3)**8**

2 (1)**9**　(2)**10**

3 (1)**2, 5**　(2)**3, 7**

4 (1)**4+6=10**　(2)**3+5=8**　(3)**2+7=9**

> 注意　式は算数のことばで，数の関係を表しています。式を読む，式に表すことで，式の意味を十分に理解させることが大切です。

しこう力トレーニング　さんすう❺　10ページ

(1)

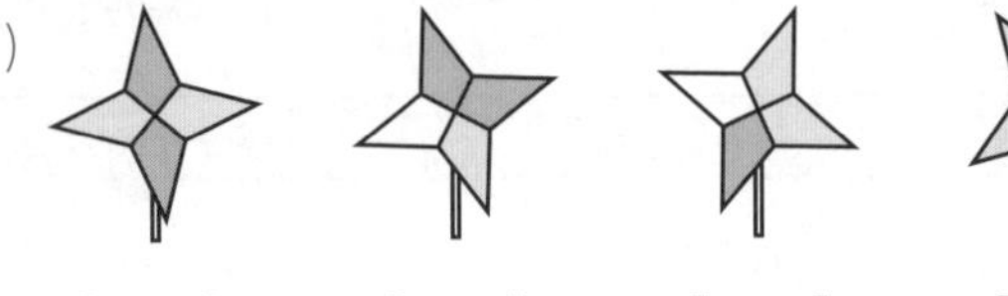

[　]　[　]　[　]　[○]

(2)

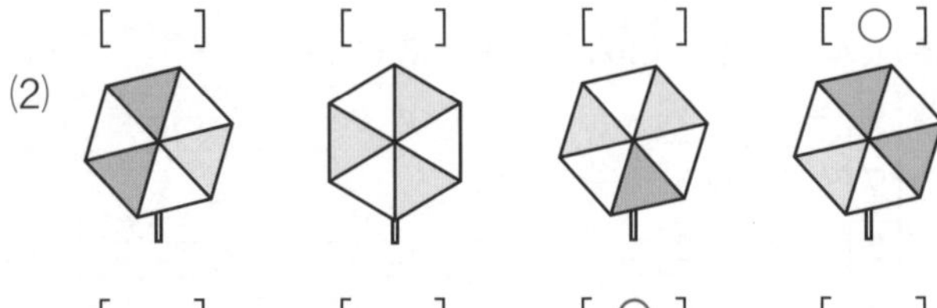

[　]　[　]　[○]　[　]

6 たしざん ②　11ページ

1 (1)**8**　(2)**9**　(3)**10**

2 (1)**7**(+)**2**(=)**9**　(2)**5**(+)**3**(=)**8**

3 (1)**7**　(2)**8**　(3)**6**　(4)**10**　(5)**9**　(6)**4**

> 注意　0の計算は，簡単に答えを求めることができますが，意味を十分に理解させておく必要があります。

4 (しき)**8+1=9**　(こたえ)**9**(わ)

5 (しき)**2+5=7**　(こたえ)**7**(ひき)

しこう力トレーニング　さんすう❻　12ページ

(1)**6**(こ)　(2)**9**(こ)　(3)**8**(こ)　(4)**9**(こ)

7 ひきざん ①　13ページ

1 (1)**3**　(2)**3**　(3)**3**

2 (1)**1**　(2)**6**

3 (1)**2, 2**　(2)**10, 6**

4 (1)**7−3=4**　(2)**8−2=6**　(3)**9−4=5**

しこう力トレーニング　さんすう❼　14ページ

(1)

(2)

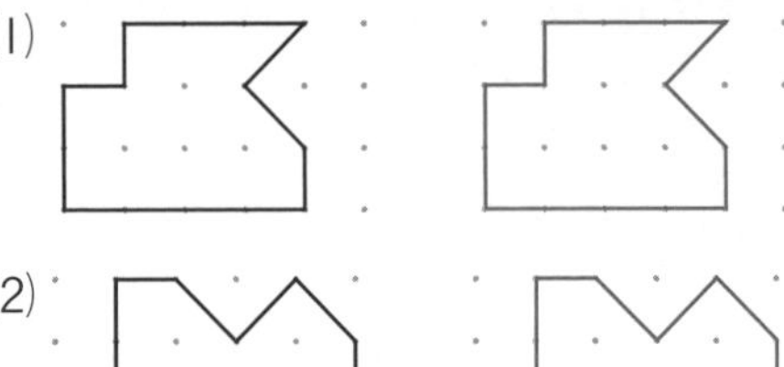

8 ひきざん ②　15ページ

1 (1)**8**(−)**2**(=)**6**　(2)**10**(−)**7**(=)**3**

2 (1)**9−5=4**　(2)**8−6=2**

3 (1)**3**　(2)**3**　(3)**4**　(4)**4**　(5)**9**　(6)**0**

4 (しき)**7−4=3**　(こたえ)**3**(にん)

5 (しき)**9−7=2**　(こたえ)**2**(ひき)

しこう力トレーニング　さんすう❽　16ページ

(○を　つける　ばんごう)(1)**2**　(2)**5**

9 チャレンジテスト 1　17ページ

1 **10→9→8→7**

2 (1)

(2)

3

6		9		8	
1	5	2	7	6	2

4 (1)**9**　(2)**10**　(3)**4**　(4)**0**　(5)**5**　(6)**7**

5 (1)(しき)**6−4=2**　(こたえ)**2**(ほん)

(2)(しき)**4+6=10**　(こたえ)**10**(ぽん)

> 注意　ちがいを求める式の場合，文章に出てくる順に数値を用いるとは限りません。合併のたし算は6+4=10と逆になっても正解ですが，文章の順に書くほうがよいです。

しこう力トレーニング　さんすう❾　18ページ

(1)**7**(まい)　(2)**9**(まい)　(3)**8**(まい)　(4)**9**(まい)

10 20までの　かず ①　19ページ

1 (1)**13**　(2)**16**　(3)**18**

2 (1)**14**　(2)**17**　(3)**20**　(4)**19**

3 **9, 12, 15, 17**

アドバイス　1から順番に数えながら，数字を消していきましょう。

4 (1)**20, 17, 14, 12**　(2)**19, 18, 14, 9**

(3)**16, 15, 13, 11, 8**

しこう力トレーニング　さんすう❿　20ページ

(1) 1 [+] 5 = 6　(2) 7 [−] 1 = 6

(3) 2 [+] 4 = 6　(4) 8 [−] 2 = 6

(5) 3 [+] 3 = 6　(6) 9 [−] 3 = 6

11 20までの　かず ②　21ページ

❶ (1)**14**　(2)**17**　(3)**13**　(4)**15**　(5)**10, 16**
(6)**18, 16**　(7)**0, 5**

❷ (○を　つける　かず)(1)**12**　(2)**15**　(3)**16**

❸ (1)**18**　(2)**14**　(3)**17**　(4)**3**　(5)**7**

しこうカトレーニング　さんすう⑪　22ページ

(1)

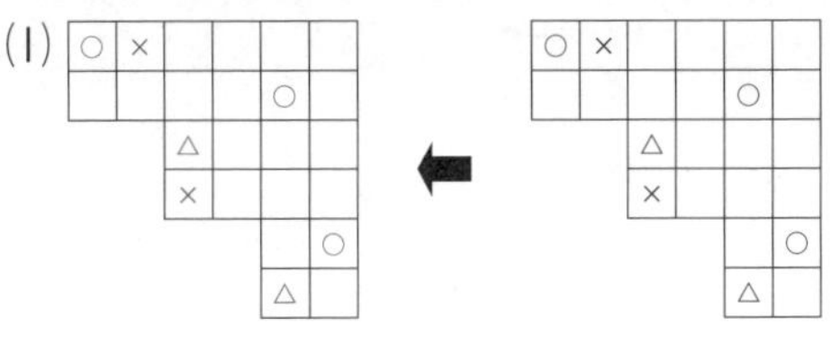

(2)

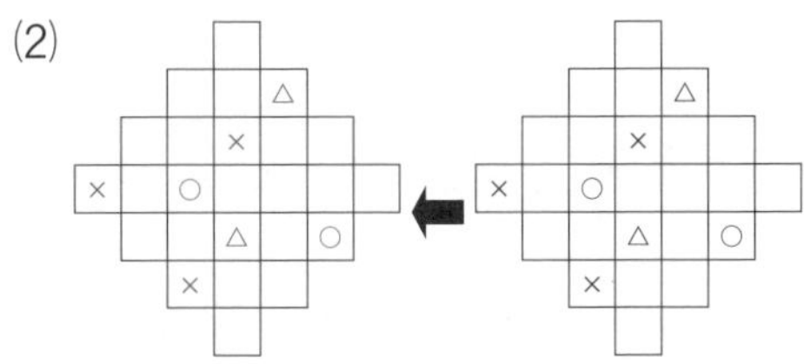

12 せいりの　しかた　23ページ

❶

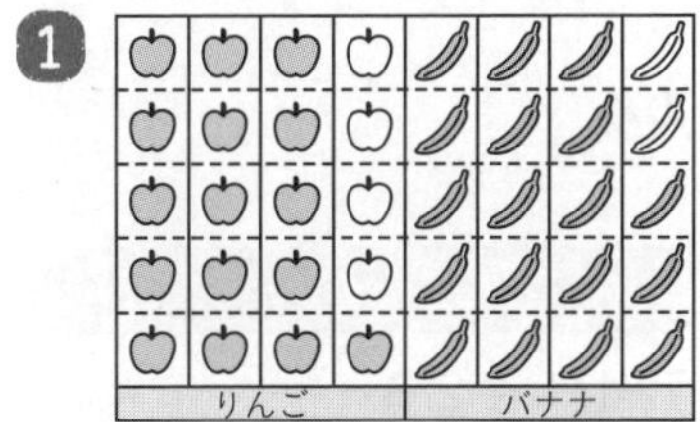

❷

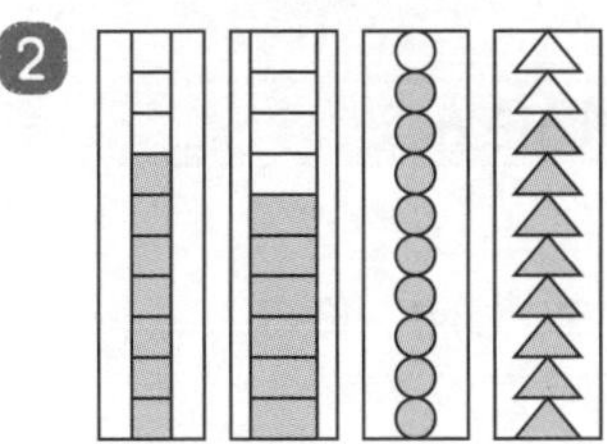

しこうカトレーニング　さんすう⑫　24ページ

(1)**2**　(2)**3**　(3)**2**

13 くりあがりの　ある　たしざん ①　25ページ

❶ (1)**3, 1, 3, 13**　(2)**2, 2, 1, 11**

❷

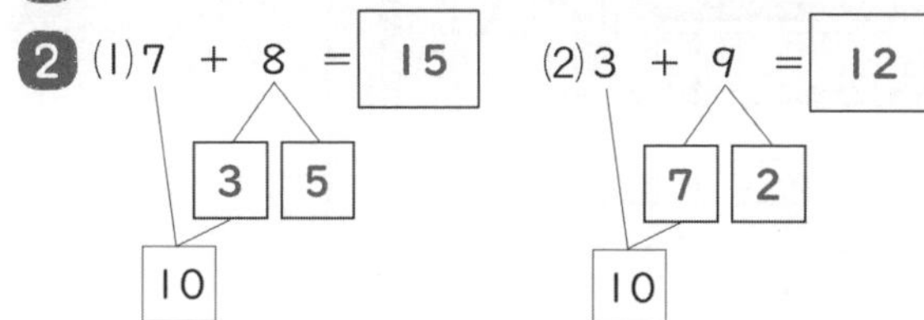

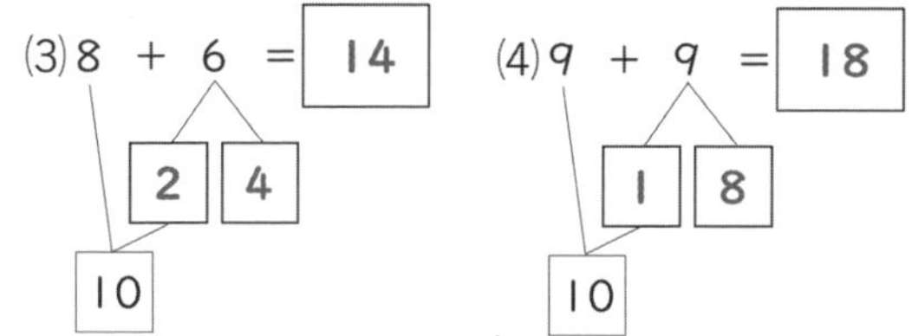

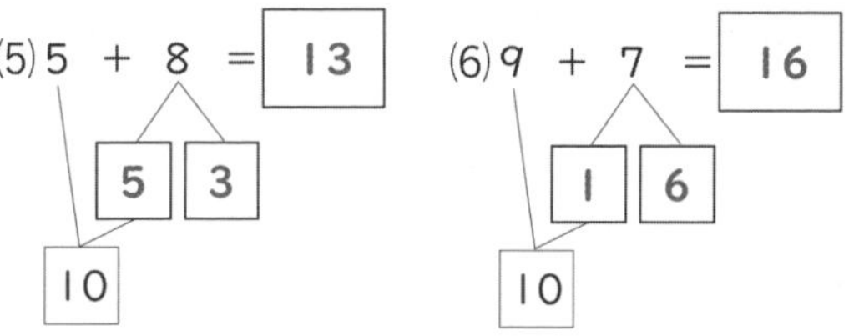

しこうカトレーニング　さんすう⑬　26ページ

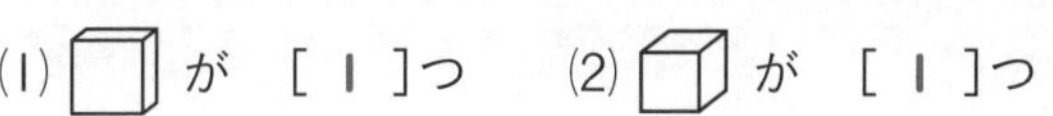

(1)　が　[2]つ　が　[1]つ　が　[2]つ

(2)　が　[1]つ　が　[2]つ　が　[3]つ

14 くりあがりの　ある　たしざん ②　27ページ

❶ (1)**11**　(2)**14**　(3)**11**　(4)**11**　(5)**15**　(6)**12**
(7)**12**　(8)**15**

❷

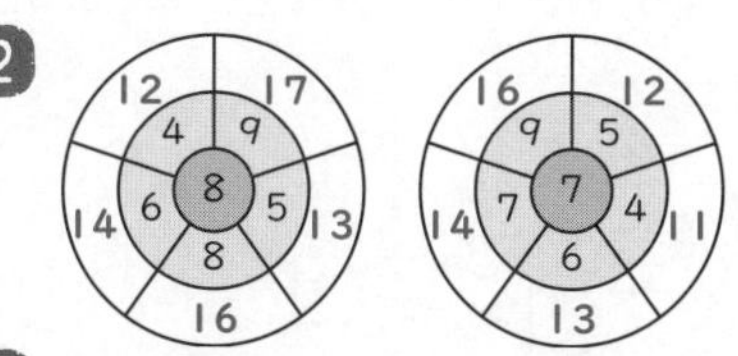

❸ (しき)**5+9=14**　(こたえ)**14**(ひき)

アドバイス　9+5=14　でもよい。

❹ (しき)**7+7=14**　(こたえ)**14**(ほん)

❺ りんごが，**8こ　あります。**
みかんが，**5こ　あります。**
(正しい数をとり出せていたら○)
あわせて(ぜんぶで，みんなで)　なんこに　なる
でしょう。(同じような意味なら○)

しこうカトレーニング　さんすう⑭　28ページ

(1) 2 + 2 = 4　(2) 4 + 4 = 8
(3) 5 + 5 = 10　(4) 7 + 7 = 14
(5) 8 + 8 = 16　(6) 9 + 9 = 18

15 くりさがりの　ある　ひきざん ①　29ページ

❶ (1)**10, 10, 2, 5**

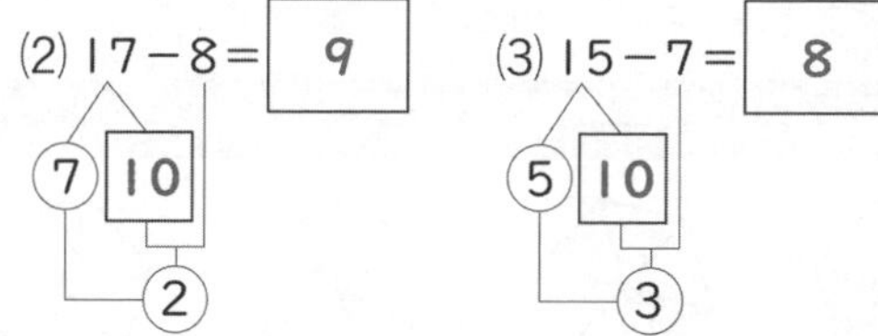

❷ (1)**16−7=9**　(2)**14−6=8**

❸ (1)**8**　(2)**7**　(3)**6**　(4)**7**　(5)**7**　(6)**9**

しこうカトレーニング さんすう⑮ 30ページ

(1)

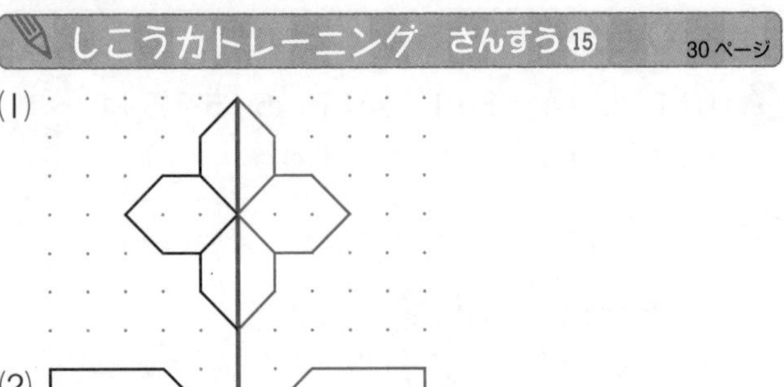

(2)

16 くりさがりの ある ひきざん ② 31ページ

❶

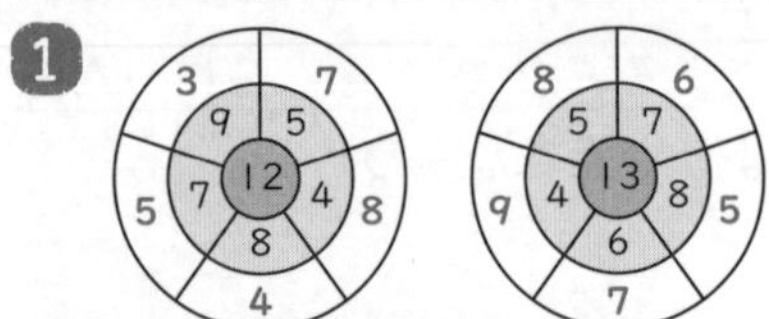

❷

13	16	12	14	11
6	9	5	7	4

❸ (しき)**11−7=4** (こたえ)**4**(さい)

❹ (しき)**13−9=4** (こたえ)**4**(こ)

❺ ぺっとぼとるの じゅうすが，**9ほん あります。**
かんの じゅうすが，**15ほん あります。**
(正しい数をとり出せていたら○)
ちがいは なんぼんに なるでしょう。

しこうカトレーニング さんすう⑯ 32ページ

(1)

[ ] [ ] [○] [ ]

(2)

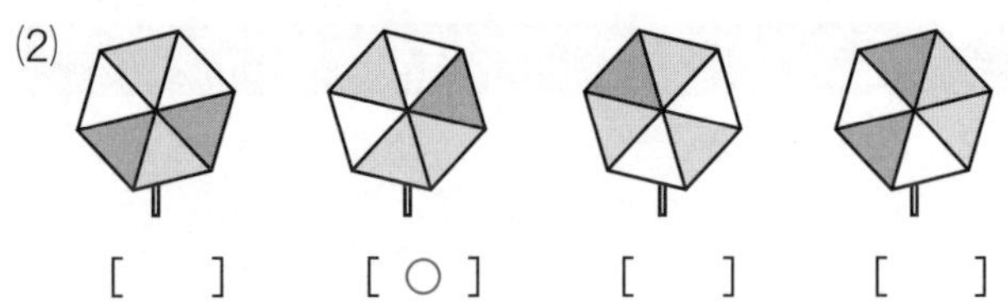

[ ] [○] [ ] [ ]

17 ながさくらべ 33ページ

❶ [2] [1] [4] [3]

❷

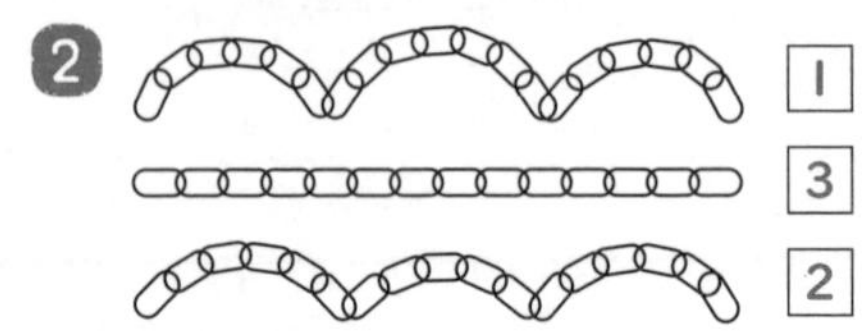

1
3
2

❸ **ア**と**キ**，**ウ**と**カ**，**エ**と**ク**

❹ **ア**(が ます) **1**(つぶん ながい。)

しこうカトレーニング さんすう⑰ 34ページ

(1)**9**(こ) (2)**8**(こ) (3)**9**(こ) (4)**10**(こ)

18 かさくらべ 35ページ

❶ (1)**5**(はい) (2)**10**(ぱい) (3)**15**(はい)

❷ **ア**(が) **1**(ぱいぶん おおい。)

❸ (1)**イ** (2)**ア** (3)**ウ** (4)**エ**

しこうカトレーニング さんすう⑱ 36ページ

(ことばの しき)
とんで いった かず(+)**のこりの かず**(=)**はじめの かず**
(しき)
6(+)**4**(=)**10**
(こたえ)**10わ**

19 ひろさくらべ 37ページ

❶ (1)㋐**7**(こ) ㋑**10**(こ) ㋒**8**(こ) (2)㋑

❷ (1)**イ** (2)**ア**

❸ **1，4，2，3**

❹ (1)**8** (2)**3** (3)**6**

しこうカトレーニング さんすう⑲ 38ページ

(1)

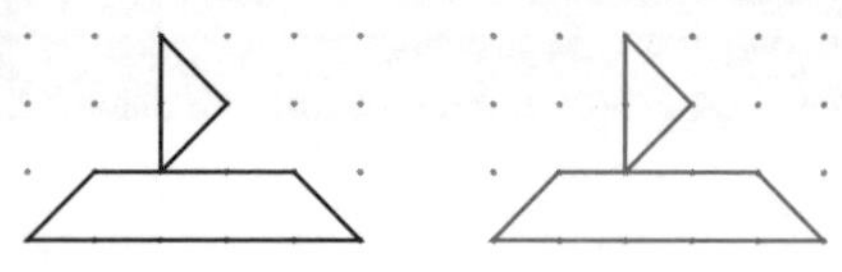

(2)

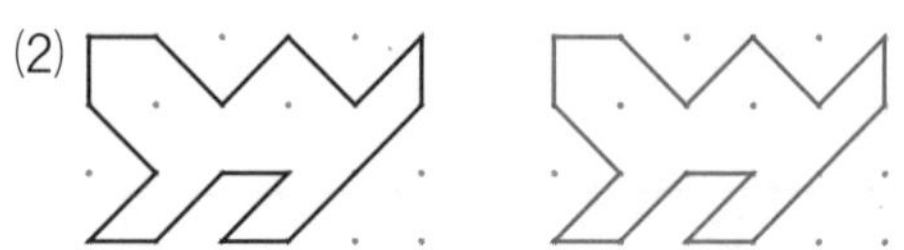

20 チャレンジテスト 2 39ページ

❶ **ウ**

❷ (1)**12** (2)**4** (3)**10** (4)**18** (5)**11** (6)**13**

❸ (しき)**9+6=15** (こたえ)**15**(人)

❹ (しき)**17−9=8** (こたえ)**8**(こ)

アドバイス 条件の多い問題です。3人という数は計算には関係がないことを，図やおはじきの操作と結びつけて，理解させます。

❺ (大)**コップ** (小)**ゆのみ**

しこうカトレーニング さんすう⑳ 40ページ

(○を つける ばんごう)(1)**1** (2)**3**

21 3つの かずの けいさん 41ページ

❶ **4+6+5=15**

❷ (1)**8** (2)**15** (3)**1** (4)**5** (5)**8** (6)**5**

❸ (1)**4** (2)**0**

4 (1)**2**　(2)**3**

アドバイス 空らんに数字を入れる問題は，適当な数をあてはめてみて，順に計算をします。正しい答えが出るまで時間がかかりますが，こうした経験をしっかりさせると，しだいに直観が働くようになり，はやくなります。

5 (しき)**5−3+5=7**　(こたえ)**7**(人)

アドバイス 5−3=2，2+5=7　のように，２つに分けた式でも，正解です。

6 (しき)**13−3−5=5**　(こたえ)**5**(こ)

しこうカトレーニング　さんすう㉑　42ページ

(1)**10**(まい)　(2)**13**(まい)　(3)**14**(まい)
(4)**14**(まい)

22 大きい　かず ①　43ページ

1 (1)**47**　(2)**43**

2 (1)**50**　(2)**37**　(3)**65**　(4)**55**　(5)**83**

> 注意 「十のくらい」は名まえのため，漢数字で表記します。

3 **88，87，86，85**

4

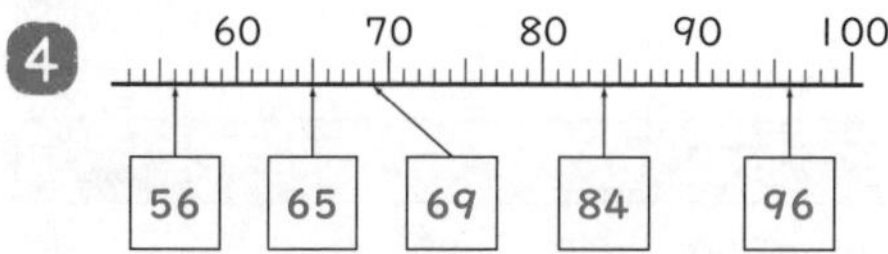

5 (1)**60，63**　(2)**78，86**　(3)**90，60**

しこうカトレーニング　さんすう㉒　44ページ

(1) 1 + 1 + 1 =3　(2) 3 + 3 + 3 =9
(3) 4 + 4 + 4 =12　(4) 6 + 6 + 6 =18
(5) 7 + 7 + 7 =21　(6) 8 + 8 + 8 =24

23 大きい　かず ②　45ページ

1 **70(+)2(=)72**　(こたえ)**72**(円)

2 (1)**70**　(2)**100**　(3)**99**　(4)**76**　(5)**38**　(6)**85**

3 (しき)**8+20=28**　(こたえ)**28**(まい)

4 **36(−)6(=)30**　(こたえ)**30**(本)

5 (1)**50**　(2)**50**　(3)**60**　(4)**43**　(5)**9**　(6)**12**

6 (しき)**80−50=30**　(こたえ)**30**(円)

しこうカトレーニング　さんすう㉓　46ページ

(1)
(2)

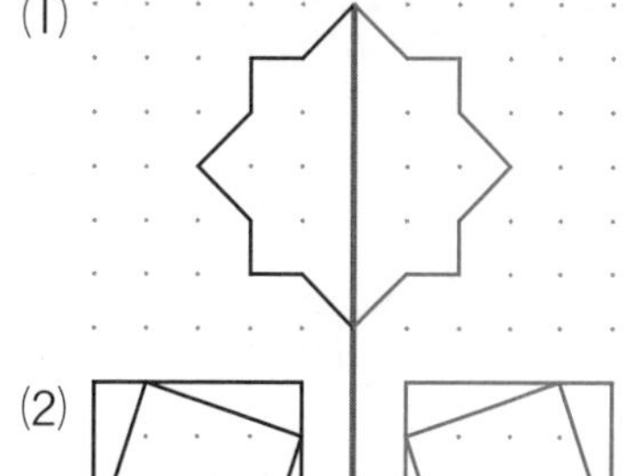

24 いろいろな　かたち　47ページ

1

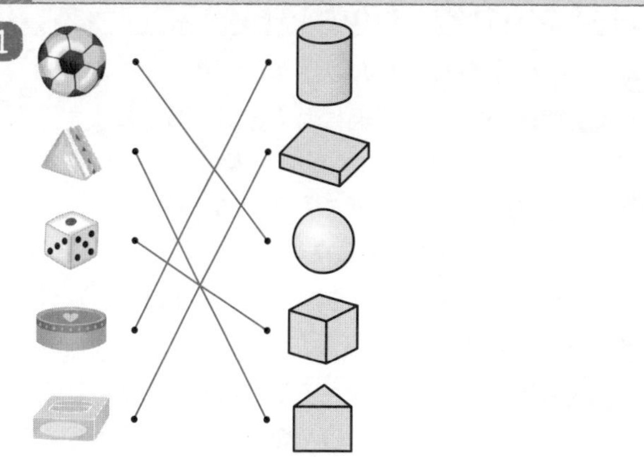

2

[しかく] [まる] [さんかく]

アドバイス 「ましかく」でもよい。また，正方形や三角形などの用語は，意味を正しく理解したあとで使用します。

3 (1)**2**(つ)　(2)**6**(つ)　(3)**3**(つ)

しこうカトレーニング　さんすう㉔　48ページ

(1)

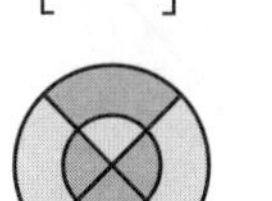

[　]　[　]　[　]　[○]

(2)

[　]　[　]　[　]　[○]

25 かたちづくり　49ページ

1 (1)**2**(つ)　(2)**2**(つ)　(3)**2**(つ)
(4)**しかく**(の　かたち)

2 下の　ずの　ように　なります。

(1)
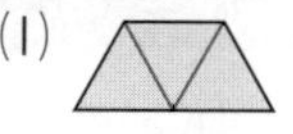
3(まい)

(2)
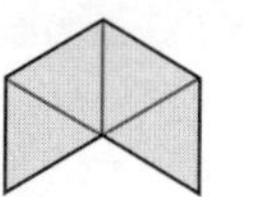
4(まい)

(3)

4(まい)

(4)
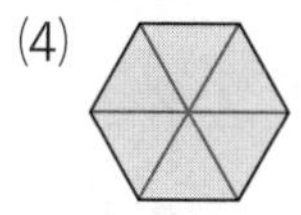
6(まい)

(5)
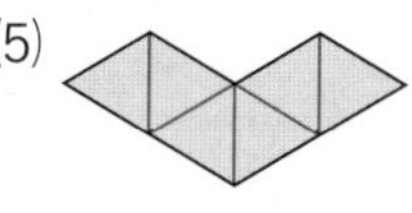
6(まい)

しこうカトレーニング　さんすう㉕　50ページ

（ことばの　しき）

ぜんぶの　かず（－）もらった　かず（＝）はじめの　かず

（しき）

8（－）3（＝）5

（こたえ）**5こ**

26 とけい ①　51ページ

1

2 (1)**5**（じ）　(2)**9**（じ）　(3)**12**（じ）

3 (1)**8**（じ）**30**（ぷん）　(2)**4**（じ）**30**（ぷん）
(3)**11**（じ）**30**（ぷん）

しこうカトレーニング　さんすう㉖　52ページ

(1)

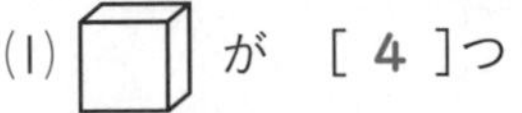

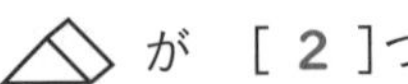

が　[4]つ
が　[2]つ
が　[2]つ
が　[2]つ

(2)
が　[1]つ
が　[2]つ
が　[2]つ
が　[2]つ

27 とけい ②　53ページ

1 (1)**6**（じ）**15**（ふん）　(2)**2**（じ）**40**（ぷん）
(3)**11**（じ）**23**（ぷん）

2

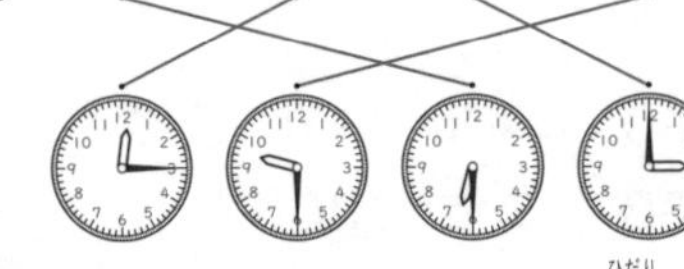

3 （○を　つける　とけい）**左の　とけい**

4 (1)

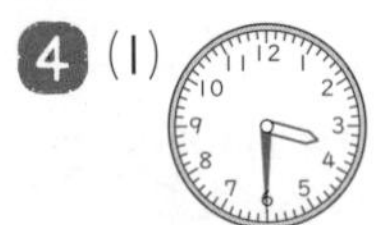

(2)

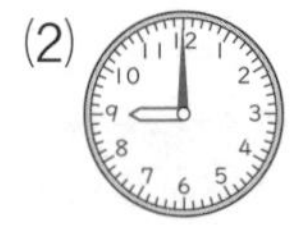

(3)

(4)

(5)

しこうカトレーニング　さんすう㉗　54ページ

（ことばの　しき）

みかんの　かず（＋）かずの　ちがい（＝）りんごの　かず

（しき）

8（＋）4（＝）12

（こたえ）**12こ**

28 いろいろな　もんだい ①　55ページ

1 (1)**6**（ばん目）　(2)**9**（人）

アドバイス　次のように図にかくとよくわかります。

○○○○○●○○○

2 （しき）**9＋8＝17**　（こたえ）**17**（まい）

3 （しき）**6＋3＝9，6＋9＝15**
（または**6＋6＋3＝15**）（こたえ）**15**（人）

4 (1)**5**（ばん目）　(2)**4**（人）

アドバイス　図にかいて考えるようにしましょう。

○○○○●○○○○○

しこうカトレーニング　さんすう㉘　56ページ

(1)

(2)

29 いろいろな　もんだい ②　57ページ

1 （しき）**14－6＝8**　（こたえ）**8**（こ）

2 (1)㋐**5**　㋑**16**　㋒**22**　㋓**36**　㋔**47**　㋕**63**
㋖**76**　㋗**84**　㋘**99**

(2)（上から）**6**（ばん目，左から）**3**（ばん目）

(3)（下から）**4**（ばん目，右から）**4**（ばん目）

(4)①**38**　②**26**　③**86**

しこうカトレーニング　さんすう㉙　58ページ

(1)**1**　(2)**3**　(3)**1**

30 チャレンジテスト 3　59ページ

1

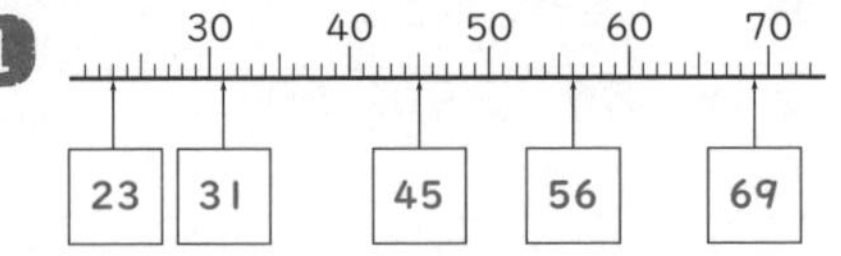

2 (1)**1**　(2)**11**　(3)**77**　(4)**43**　(5)**78**　(6)**64**

3 （しき）**48－6＝42**　（こたえ）**42**（本）

4 (1)**60，66**　(2)**80，100**　(3)**102，104，105**

5 (1)**10**（まい）　(2)**12**（まい）　(3)**18**（まい）

しこう力トレーニング　さんすう㉚　60ページ

(1)9 + 1 + 2＝12　(2)9 − 1 − 2＝6
(3)9 − 1 + 2＝10　(4)9 + 1 − 2＝8

31 しあげテスト ①　61ページ

1 (1)**65**(こ)　(2)**101**(本)
2 (1)**99**　(2)**6**　(3)**7**　(4)**78, 84, 86**
3 (1)**16**　(2)**6**　(3)**11**　(4)**6**　(5)**10**　(6)**8**
4 (しき)**16−7=9**　(こたえ)**9**(人)
5 (しき)**12−7=5**　(こたえ)**5**(こ)

しこう力トレーニング　さんすう㉛　62ページ

(1)**14**(こ)　(2)**17**(こ)　(3)**18**(こ)　(4)**21**(こ)

32 しあげテスト ②　63ページ

1 (1)**エ**　(2)**イ**
2 (1)**14**　(2)**6**　(3)**10**　(4)**8**　(5)**12**　(6)**1**
アドバイス 順に計算をしますが，もとになる数から，順序をかえて計算すると，計算が簡単になる場合があります。計算を工夫する方法を考えさせることも大切です。
3 (1)**12じ30ぷん**(または**12じはん**)
(2)**3じ5ふん**　(3)**11じ35ふん**
4 (1)(しき)**8−3=5**　(こたえ)**5**(本)
(2)(しき)**8+3+6=17**　(こたえ)**17**(本)

しこう力トレーニング　さんすう㉜　64ページ

(ことばの　しき)
赤い　花(−)**かずの　ちがい**(=)**白い　花**
(しき)
13(−)**6**(=)**7**
(こたえ)**7本**

せいかつ

1 ともだち　いっぱい　65ページ

1 (1)**がっこう**　(2)**せんせい**
(3)**ともだち**　(4)**さようなら**
(5)**じょうきゅうせい**
アドバイス 学校に通ううえで，よく使う「先生」や「友達」といった言葉や，あいさつなどをちゃんと理解して使っているか，確認しましょう。
2 (1)**かく。**　(2)**あそぶ。**　(3)**うたう。**
(4)**かく。**　(5)**はしる。**　(6)**よむ。**
(7)**たべる。**
アドバイス どの行動がふさわしいか，ひとつひとつ確認していきましょう。

しこう力トレーニング　せいかつ❶　66ページ

(しょうりゃく)
アドバイス 色の感じ方は個々にちがうので，どこにある花を見て色をぬったのか，確認するとよいでしょう。

2 がっこう　だいすき　67ページ

1 **ほけんしつ，しょくいんしつ，おんがくしつ，としょしつ，に○**
アドバイス それぞれの部屋が，学校のどこにあるか，確認するとよいでしょう。
2 (1)**×**　(2)**×**　(3)**×**　(4)**○**
アドバイス してはいけない行動の何が問題なのか，どのように変えたらいいのか，話をするとよいでしょう。

しこう力トレーニング　せいかつ❷　68ページ

アドバイス 個々のものを見比べるより，全体を見て，ちがいを探すようにするとよいでしょう。

3 がっこうの　いきかえり　69ページ

1 **しんごうを　むしする，に×**

注意 信号を守らないと，交通事故にあうかもしれず，危険だということを理解させましょう。

2 (2)・(3)・(4)，**に○**

注意 道路への飛び出しは，危険です。ボールなどを追って，急に道路に飛び出さないように，注意しましょう。

しこう力トレーニング　せいかつ❸　70ページ

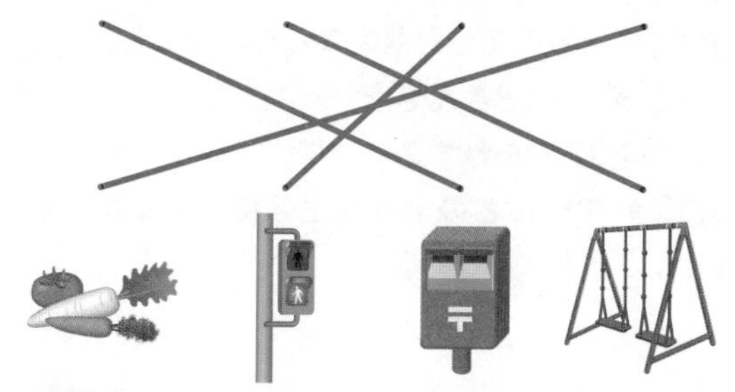

アドバイス 手紙は，ポストに投函します。ブランコは，公園にあります。横断歩道には，信号があります。八百屋では，野菜を売っています。イラストが何なの

か，確認しましょう。

4 こうえんに　いこう　71ページ

1 (1)**エ**　(2)**ウ**　(3)**カ**　(4)**ア**　(5)**オ**　(6)**イ**

アドバイス 近くの公園にはどんなものがあるか，調べてみるのもよいでしょう。

2 **ごみは　ごみばこに　すてる，に○**

注意 すべり台で，後ろから押す行為は，とても危険です。公園のきまりも，安全のために必要なものが多いので，守るようにしましょう。

しこう力トレーニング　せいかつ④　72ページ

アドバイス それぞれの花の葉がどんな形か，確認しましょう。

5 おおきく　なあれ　73ページ

1 (1)**ウ**　(2)**オ**　(3)**イ**　(4)**エ**　(5)**ア**　(6)**カ**

アドバイス 身近な花や野菜のことを，確認しましょう。

2 (1)**うさぎ**　(2)**きんぎょ**

(3)**にわとり**　(4)**ねずみ**

アドバイス 学校にどのような生き物がいるか，知っておくようにしましょう。

しこう力トレーニング　せいかつ⑤　74ページ

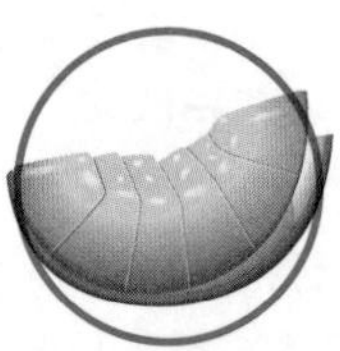

アドバイス 3つがすいかで，1つだけメロンがあります。

6 なつが　きたよ　75ページ

1 (1)**エ**　(2)**イ**　(3)**ウ**　(4)**ア**

アドバイス 夏によく見かける生き物としては，カブトムシやクワガタなどもいます。

2 (1)**ア**　(2)**ウ**　(3)**イ**

アドバイス 夏には，海や川での遊びや，水を使った遊びが多くあります。

しこう力トレーニング　せいかつ⑥　76ページ

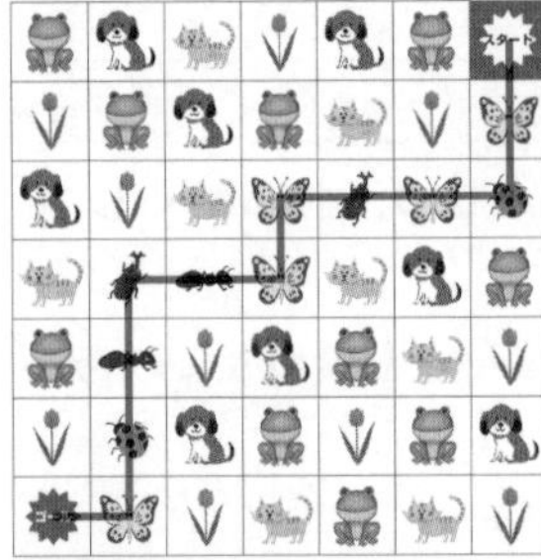

アドバイス 迷路の中の昆虫は，チョウ，テントウムシ，クワガタ，アリです。

7 だいすきな　かぞく　77ページ

1 (1)**イ**　(2)**ウ**　(3)**エ**　(4)**ア**

アドバイス 家庭でよく使われる道具について，名前とともに使い方も理解しておきましょう。

2 (1)**しゃもじ**　(2)**やかん**　(3)**ハンガー**　(4)**ほうき**

アドバイス 道具の名前を書けるようにしておきましょう。

しこう力トレーニング　せいかつ⑦　78ページ

オ→ア→ウ→カ→イ→エ

アドバイス アサガオに限らず，種から芽が出て，花が咲き，花が枯れて種を生み出すという植物のおおまかな生長過程を理解しておきましょう。

8 あきが　きたよ　79ページ

1 (1)**ア**　(2)**ウ**　(3)**エ**　(4)**イ**

アドバイス イラストをよく見て，何を使ってつくっているのか，読み取りましょう。

2 (1)**コオロギ**(エンマコオロギ)

(2)**バッタ**(トノサマバッタ)

アドバイス このほかに，秋によく見かける虫には，トンボやスズムシなどがいます。

3 (1)**イチョウ**　(2)**サクラ**　(3)**カエデ**

アドバイス 秋には，赤や黄色などの色あざやかな葉が多く見られます。それぞれの葉が，どの植物の葉か理解しておきましょう。

しこう力トレーニング　せいかつ⑧　80ページ

アドバイス 実際にそれぞれの色をぬってみてもよいでしょう。

9 みんなで　あそぼう　81ページ

1 (1)**エ**　(2)**ウ**　(3)**ア**　(4)**イ**

アドバイス 昔からの遊びについて，おじいちゃん，おばあちゃんに聞いてみるとよいでしょう。

2 (1)×　(2)×　(3)×　(4)○

注意 道具は，使い方をよく理解してから，使うようにしましょう。使い方を間違えると，危険なものもあるので，注意しましょう。

3 **あきかん，ひも**

アドバイス イラストは，「かんぽっくり」「かんま」「かんげた」などとよばれるおもちゃです。あきかんとひもでつくって，遊ぶことができます。

しこう力トレーニング　せいかつ 9　82ページ

アドバイス 材料と完成したものを見比べて，同じ形のものがないか，探してみるとよいでしょう。

10 ふゆが　きたよ　83ページ

1 (1)**ア**　(2)**ウ**　(3)**エ**　(4)**イ**

アドバイス 冬は雪や氷にちなんだ遊びが多くあります。雪が多い地域では，雪だるまやミニかまくらなどをつくることもできるでしょう。

2 (1)○　(2)△

アドバイス セミは，夏に見ることができる生きものです。

3 (1)**おしくらまんじゅう**　(2)**かるた**

アドバイス おしくらまんじゅうは，寒い時期に遊ぶと暖まります。かるたは，お正月によくする遊びです。

しこう力トレーニング　せいかつ 10　84ページ

アドバイス クリスマスツリーは12月のクリスマス，こいのぼりは5月の端午の節句，七夕かざりは7月の七夕，ひな人形は3月のひなまつりに飾られます。

11 もうすぐ　2年生　85ページ

1 (1)**ア**　(2)**イ**　(3)**ウ**　(4)**エ**

アドバイス 1年間をふりかえって，どんなできごとがあったか，思い出してみるとよいでしょう。

2 (1)**ウ**　(2)**ア**　(3)**イ**

アドバイス この1年間で，一人でできるようになったことを話し合ってみるとよいでしょう。

しこう力トレーニング　せいかつ 11　86ページ

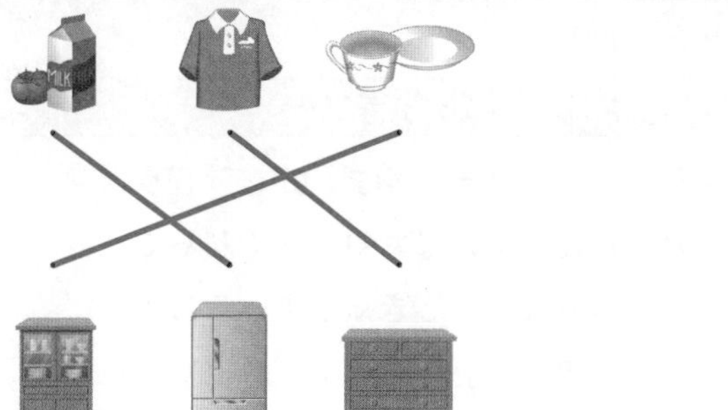

アドバイス ものを整理できるようになるためには，そのものがどこにしまわれているのか，知っておく必要があります。

12 しあげテスト　87ページ

1 (1)**あき**　(2)**はる**　(3)**ふゆ**　(4)**なつ**

アドバイス 春に花がさくサクラですが，春以外にはどんな姿をしているのか，知っておきましょう。

2 **セミ**

3 (1)**たいいくかん**　(2)**音がくしつ**

(3)**としょしつ**　(4)**しょくいんしつ**

アドバイス 学校には，ほかにどんな部屋があるか，話し合ってみましょう。

4 **たこあげ**

アドバイス たこあげは，冬によくする遊びです。

しこう力トレーニング　せいかつ 12　88ページ

  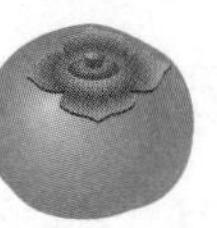

アドバイス どんぐりとかきは，秋のものです。

こくご

1 ひらがなを よむ 89ページ

1 (1)**イ** (2)**ア** (3)**イ** (4)**イ** (5)**ア** (6)**ア**

2 (1)**とぶ** (2)**うたう** (3)**およぐ** (4)**なく**
(5)**のぼる** (6)**はなす**

アドバイス 絵をよく見て，主語にあう動作を選ぶ練習をさせましょう。

3 (1)**とら** (2)**たまご** (3)**やね** (4)**くるま** (5)**先生**

アドバイス (1)果物 (2)魚 (3)遊具 (4)動物 (5)学校の備品 の仲間の言葉です。あてはまらないものは何かを考えさせましょう。

しこう力トレーニング こくご❶ 90ページ

(1)**たこ** (2)**かるた** (3)**らっぱ** (4)**ばけつ** (5)**こおり**
(できたことば)**たからばこ**

アドバイス (1)乗り物 (2)動物 (3)野菜 (4)文房具 (5)色 の仲間の言葉です。あてはまらないものは何かを考えさせましょう。

2 ひらがなを かく ① 91ページ

1 (1)**あさがお** (2)**いちご** (3)**うさぎ** (4)**てんぷら**
(5)**とんぼ** (6)**かぎ**

2 (1)ゃ (2)っ (3)ゅ (4)ょ・ょ
(5)ょっ

アドバイス 小さく書く文字は，マスの右上に書きます。位置に気をつけて，文字を正しく書けるようにしましょう。

3 (1)**2** (2)**3** (3)**4** (4)**2**

アドバイス 筆順は，形の整った文字を書くために必要です。正しい筆順を身につけるため，繰り返し練習させましょう。とめ・はね・はらいなどの形にも注意して書くようにさせましょう。

しこう力トレーニング こくご❷ 92ページ

(1)**いぬ** (2)**くるま** (3)**くり** (4)**ふえ** (5)**かわ**
(6)**ごはん** (7)**つくえ** (8)**たまご** (9)**ほん** (10)**えんぴつ**
(11)**かばん(ばっぐ)** (12)**でんわ**

3 ひらがなを かく ② 93ページ

1 (1)**しか** (2)**めだか** (3)**たぬき** (4)**ねこ**

2 (1)**か** (2)**き** (3)**ら** (4)**み**

3 (1)れい **りんご，すいか，いちご，みかん など**
(2)れい **さる，ねずみ，うし，とら など**

アドバイス 仲間の言葉あつめをするのは，語彙(ごい)を豊富にするのに有効です。

しこう力トレーニング こくご❸ 94ページ

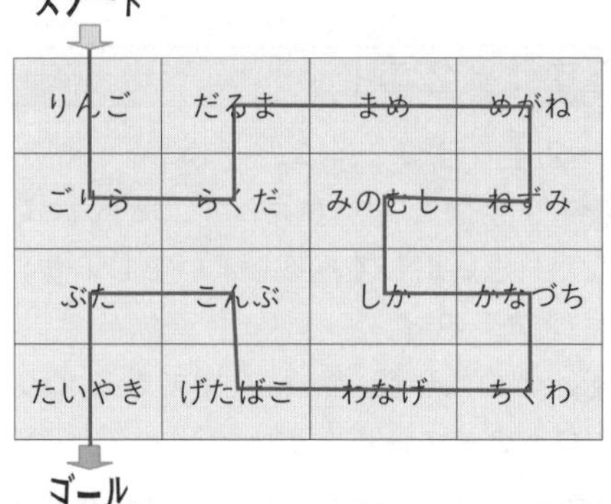

アドバイス しりとりを通してたくさんの言葉にふれさせましょう。

4 ことばの よみかき ① 95ページ

1 (1)**り** (2)**ん** (3)**き** (4)**ま** (5)**し** (6)**う**

2 (1)**せっけん** (2)**かぼちゃ** (3)**くじゃく**
(4)**きょうりゅう** (5)**きゅうきゅうしゃ**

3 (1)**山に—のぼる。** (2)**川で—およぐ。**
(3)**こうえんを—さんぽする。**
(4)**とびばこを—とぶ。**
(5)**くつを—はく。** (6)**ふくを—きる。**

しこう力トレーニング こくご❹ 96ページ

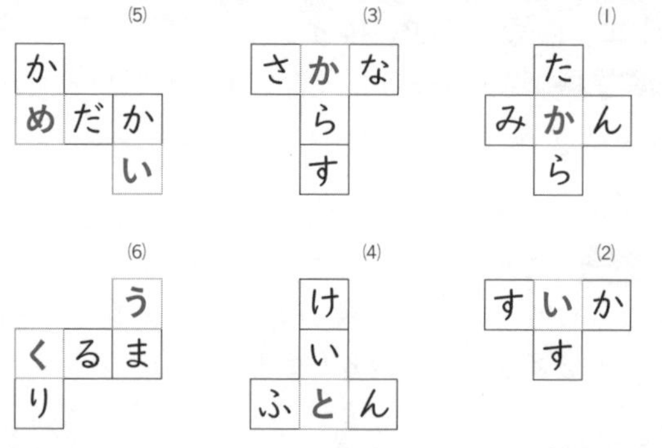

アドバイス 楽しみながら，語彙を増やしましょう。

5 ことばの よみかき ② 97ページ

1 (1)**(え)んぴつ** (2)**(そ)うじき** (3)**(き)んぎょ**
(4)**(き)りん**

2 (1)**小さい** (2)**たかい** (3)**ふとい** (4)**早い**

注意 「大きい」に対し，「大きくない」という言い方は反対語ではないことをおさえておきましょう。

3 (1)**×ゅうり** (2)**×たる** (3)**×ま** (4)**お×な**
き **ほ** **や** **と**

しこう力トレーニング こくご❺ 98ページ

れい (1)**からす** (2)**めがね** (3)**こおり(ことり)**
(4)**ますく(まいく)** (5)**つくえ(つえ)**

6 「は」「を」「へ」 99ページ

1 (1)**は・を** (2)**を・へ** (3)**は・を** (4)**へ・を**
(5)**は・を** (6)**は・へ・を**

アドバイス 助詞の「は」「を」「へ」を正しく使えるように，文章をしっかり読ませましょう。

2 (1)**は・わ・わ** (2)**わ・は・わ**

3 (1)**お・お・を** (2)**お・お・を・お**

アドバイス 発音が同じになる「わ」と「は」，「お」と「を」，「え」と「へ」の助詞を正しく区別して使えるようにしましょう。

しこう力トレーニング こくご❻ 100ページ

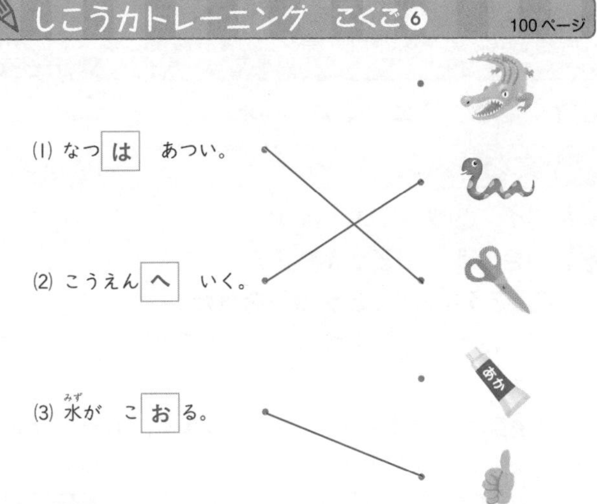

アドバイス 「わ」「は」「え」「へ」「お」「を」を正しく使えるようにしましょう。

7 てん(、)まる(。)かぎ(「 」) 101ページ

1 **きょう、ともだちの ゆみちゃんと、こうえんで あそんだ。わたしたちは、ブランコに のった。立ちこぎを したり、すわりこぎを したり した。とても たのしかった。**

アドバイス 「。」(句点)は，文のまとまりの終わりにつけます。「、」(読点)は，文を読みやすくするため，また意味をとりちがえないために打ちます。

2 **きのう おかあさんが、**
『おたん生日に なにか ほしい ものは あるかしら。』
と きいて きたので、
『赤い 車の おもちゃが ほしい。』
と げん気 よく こたえました。

アドバイス 会話文には「 」(かぎ) をつけます。その他，強調したい部分にもつけることがあります。

3 **ぼくは、わらいながら にげる いもうとを おいかけた。**

しこう力トレーニング こくご❼ 102ページ

ぎゅうにゅうは、しろい。

アドバイス 正しく「、」「。」を使って，文を作りましょう。

8 かなづかい ① 103ページ

1 (1)**ア** (2)**イ** (3)**イ** (4)**ア** (5)**ア** (6)**ア** (7)**イ** (8)**ア**

2 (1)× (2)○ (3)× (4)○ (5)×

3 (1)**すいそお→すいそう** (2)**はなじ→はなぢ**

アドバイス 同じ発音の「お」と「う」，「じ」と「ぢ」はしっかり区別をして，正しく使い分けられるようにしましょう。

しこう力トレーニング こくご❽ 104ページ

アドバイス たとえば，「王様」のように，発音は「おおさま」でも，かなづかいは「おうさま」となる言葉があるので，正しいかなづかいができるようにしましょう。

9 かなづかい ② 105ページ

1 (1)**え・づ・っ** (2)**う・へ・え** (3)**あ・お・ょ** (4)**ゅ・お・っ**

2 (1)**ず** (2)**い** (3)**お** (4)**う**

しこう力トレーニング こくご❾ 106ページ

ね

10 チャレンジテスト 1 107ページ

1 (1)**くらい** (2)**あつい** (3)**せまい** (4)**とおい**

2 (1)**きって** (2)**ぶどう** (3)**けいと** (4)**おねえさん** (5)**しょうぼうしゃ**

3 (1)**ぼくは とおくの えきへ おとうとを むかえに いきます。**
(2)**うんどうじょうで おとこのこと おんなのこが なかよく あそんで います。せんせいも いっしょに あそんで います。**

アドバイス 助詞の使い方を，きちんと覚えておくことが大切です。

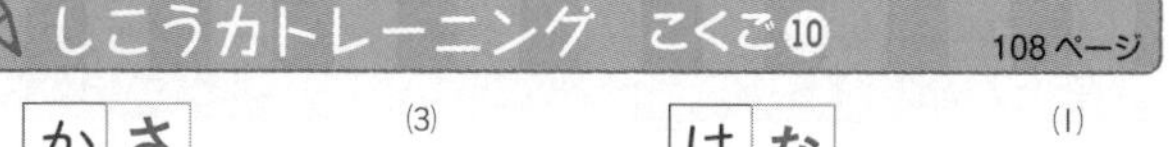

しこう力トレーニング こくご❿ 108ページ

11 かたかなを かく 109ページ

1 れい (1)**ギター** (2)**カメラ** (3)**レモン** (4)**メロン** (5)**ズボン(ジーンズ**など) (6)**テレビ(モニター**など) (7)**パンダ(ジャイアントパンダ)** (8)**ピアノ**

2 れい (1)**ブーブー** (2)**ヒヒーン** (3)**コケコッコー** (4)**グワッグワッ** (5)**モー** (6)**ワンワン**

3 れい (1)**ドンドン** (2)**ブーブー** (3)**カランカラン** (4)**バタン** (5)**シューシュー**

アドバイス 鳴き声や音は，発音もさせてみましょう。答えは近いものであれば正解とします。

しこうカトレーニング　こくご⑪　110ページ

(1)(パ)**ン**　(2)(オ)**レ**(ン)**ジ**　(3)**ボ**(ー)**ル**　(4)**バナナ**
(5)**ピ**(ア)**ノ**　(6)(テ)**ーブ**(ル)

12 かん字の　よみかき ①　111ページ

1 (1)おお・き　(2)やま・なか　(3)おとこ・こ
(4)かわ・みず　(5)ちい・つき　(6)うえ・した
(7)さん　(8)しち(なな)　(9)はち　(10)じゅう

2 (1)木・林・森・花・竹・草　(2)口・耳・手・目・足
(3)日・月・火・水・木・金・土　(4)白・赤・青

アドバイス 漢字を仲間に分類して覚えておくことは大切です。

しこうカトレーニング　こくご⑫　112ページ

(1)月　(2)口　(3)花　(4)山　(5)虫　(6)車
(7)貝　(8)手　(9)川　(10)木

13 かん字の　よみかき ②　113ページ

1 (1)ひだり・みぎ　(2)おんな・せんせい　(3)しゃ
(4)ひ・で

2 (1)白・犬　(2)町・村　(3)休日　(4)森・林
(5)赤・糸　(6)百円　(7)青・花　(8)学校

3 (1)ねん・とし　(2)おん・おと(ね)
(3)しょう(せい・まさ)・ただ
(4)がつ(げつ)・つき　(5)か・ひ　(6)い・う
((1)(2)(4)(5)は順不同，(3)(6)は右から順に)

アドバイス 同じ漢字でも読み方が一つではないことに注意し，送りがなも含めてしっかり覚えさせましょう。

しこうカトレーニング　こくご⑬　114ページ

(3)

水	上	
	下	見
		本

(1)

右	手	
	本	名
		犬

(4)

青	空	
	中	学
		校

(2)

一	年	
	月	日
		中

14 ひつじゅんと　かくすう　115ページ

1 (1)**イ**　(2)**ア**　(3)**イ**　(4)**ア**　(5)**ア**　(6)**イ**

アドバイス 正しい筆順をしっかり身につけさせましょう。

2 (1)**3**　(2)**7**　(3)**6**　(4)**7**　(5)**6**　(6)**8**　(7)**3**
(8)**4**

しこうカトレーニング　こくご⑭　116ページ

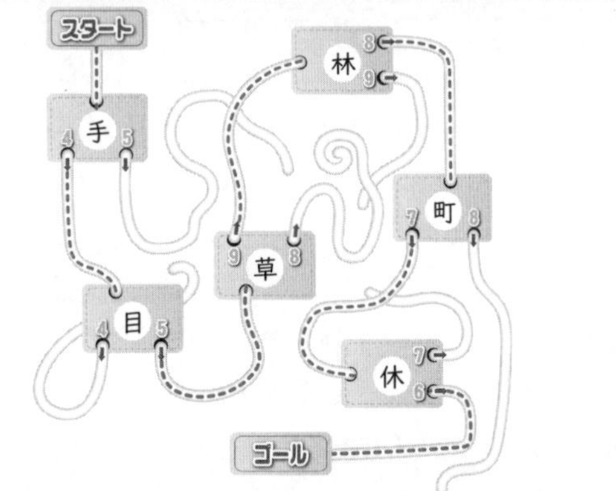

15 ことばの　つかいかた　117ページ

1 (1)**はやい―しんかんせん**　(2)**ひろい―うみ**
(3)**赤い―りんご**　(4)**たかい―木**
(5)**あつい―なつ**　(6)**こわい―かみなり**

2 (1)**でした**　(2)**です**　(3)**あります**　(4)**います**

アドバイス 人，物，ことがら，未来，過去などにより，文末に違いがあることを理解させましょう。

3 (1)**むすぶ**　(2)**すくう**　(3)**くだる**

しこうカトレーニング　こくご⑮　118ページ

(1)**イ**　(2)**ウ**　(3)**エ**　(4)**ア**　(5)**オ**

16 文を　よむ　119ページ

1 (1)**イ**　(2)**ウ**　(3)**エ**　(4)**ア**

2 (1)**きのう**　(2)**どうぶつえん**
(3)**(ぞうなどの)どうぶつを見た。**
・おべんとうをたべた。(順不同)
(4)**おいしかった。**

アドバイス 文の意味が理解できるまで，しっかり読ませることが大切です。

しこうカトレーニング　こくご⑯　120ページ

(1)**ア**　(2)**ウ**　(3)**イ**

17 文を　かく ①　121ページ

1 それぞれ右から(1)**2 4 1 3(1 4 3 2)**
(2)**2 3 1 4 5(2 4 1 3 5)**

2 (1)**が(は・も)**　(2)**に**　(3)**の**　(4)**を(が)**　(5)**へ(に)**

3 (1)**雨が―ざあざあ　ふって　います。**
(2)**こいが―すいすい　およいで　います。**
(3)**かぜが―そよそよ　ふいて　います。**

しこうカトレーニング　こくご⑰　122ページ

イ

アドバイス 書かれている文章の内容を正確に読み取らせましょう。

18 文を　かく ②　123ページ

1 **けれども・すると・だから・それから**

アドバイス 接続語は，文章作りには欠かせないものなので，適切に使えるようにしたいものです。文章を読むときにも，接続語が理解できれば文脈をつかむことにつながります。

2 (1)**が・を**　(2)**に・が**　(3)**が・から**

(4)を・のは　(5)と・へ(に・を)

しこう力トレーニング　こくご⑱　124ページ

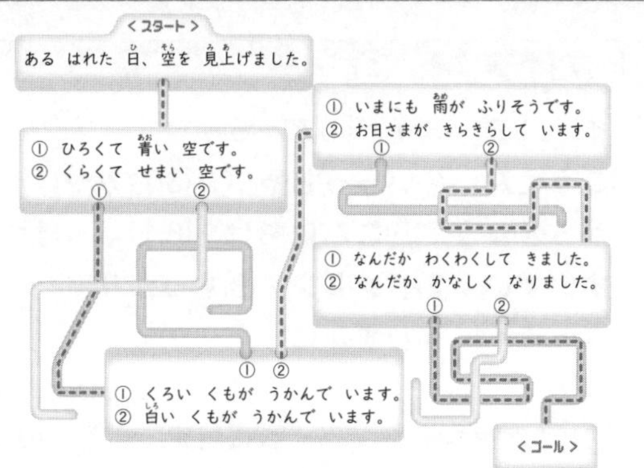

19 文を　かく ③　125ページ

1 やまばとが、げん気に　とんで　いきました。うさぎは、赤い　目を　こすって、おき上がりました。そして、やまばとが　いないことに　気づきました。

2 れい(1)わたし(ぼく)・女(男)です
(2)わたし(ぼく)・かくれんぼをしてあそびました

3 れい(1)よるの空に、月とほしが出ていました。
(2)おとうさんと二人で、はしの上からつりをしました。

アドバイス 意味の通った簡単な文を作り，適切に「、」「。」をつけることを忘れないようにさせましょう。

しこう力トレーニング　こくご⑲　126ページ

(1)ア　(2)イ　(3)ア　(4)イ

20 チャレンジテスト 2　127ページ

1 (1)7　(2)6　(3)6　(4)7

2 (1)おんな・こ・た　(2)かわ・おと　(3)手・力・入　(4)金・日

3 れい(1)白い花が、つぎつぎにさくようにみえた。
(2)のぼるさんのおかあさん
(3)二本のかさ(かさを二本)

しこう力トレーニング　こくご⑳　128ページ

21 文しょうを　よむ ①　129ページ

1 れい(1)雨あがりの天気
(2)(うつくしい)にじ
(3)にじのむこうまでいこうとおもった。
(4)どんどんはしっていった。・
川をわたった。(順不同)

アドバイス 文章をしっかり読み取り，きちんと答えを見つけ出し，解答を書く力をのばしましょう。

しこう力トレーニング　こくご㉑　130ページ

(4)→(1)→(6)→(2)→(5)→(3)((4)と(1)，(2)と(5)は逆でも可)

アドバイス 文のつながりを考えて正しい文が作れるようにさせましょう。

22 文しょうを　よむ ②　131ページ

1 れい(1)むかし(，むかし)
(2)おじいさん・おばあさん(順不同)
(3)川(へ)・せんたく(をしにいった。)
(4)大きなももが一つながれてきた。
(5)おじいさんへのおみやげにしようとおもったから。

アドバイス 文章の内容を正確に読み取り，考える力を養わせましょう。

しこう力トレーニング　こくご㉒　132ページ

(1)ウ　(2)ア　(3)エ　(4)オ　(5)イ

23 文しょうを　よむ ③　133ページ

1 れい(1)ブルドーザー
(2)てつのいたをうごかして、じめんのたかいところをけずりとる。
(3)てつのいたでおしながら、じめんのひくいところへ土をはこぶ。
(4)土をけずる(しごと。)
土をはこぶ(しごと。)

アドバイス 「ブルドーザーは」で始まる二つの文に着目させましょう。

しこう力トレーニング　こくご㉓　134ページ

(1)ウ　(2)エ　(3)イ　(4)ア

24 文しょうを　よむ ④　135ページ

1 れい(1)①きのう　②さっちゃん(と)
③うらの林(で)　④どんぐりひろいをした。

アドバイス 「いつ・どこで・だれが・なにをした」のかをつかんで，文章の内容を読み取らせましょう。

(2)大きな木の下
(3)・大きくてまるい
・土がいっぱいついていた(ざらざらしていた)
(4)「どんぐりごま　つくろう。」

しこう力トレーニング　こくご㉔　136ページ

(1)カ　(2)ウ　(3)エ　(4)ア　(5)イ　(6)オ

25 文しょうを　よむ ⑤　137ページ

1 (1)①花子(が)　②おばあちゃん(に)
(2)なつ休み
(3)れい おばあちゃんのつくっているはたけのやさいをたべること。

(4)れい 花子が、あそびにいくこと。

アドバイス 「なに」と問われている場合には，「〜こと。」と答えるのがよいことをアドバイスしましょう。

しこうカトレーニング こくご㉕ 138ページ

(1)ウ (2)ケ (3)キ (4)コ (5)ク

26 しを よむ ① 139ページ

1 (1)びゅうびゅう

(2)かみくず

(3)かえるとき・学校のげんかんを出たら

(4)どうろ

(5)木のは

(6)イ

アドバイス 詩では「びゅうびゅう」など様子を表す言葉を手がかりに，描かれている情景をとらえさせましょう。

しこうカトレーニング こくご㉖ 140ページ

(1)花 (2)手 (3)月 (4)小

27 しを よむ ② 141ページ

1 (1)れい めだかがおがわでおよぐようす。

(2)めだか

(3)イ

(4)ア

アドバイス 読む力をつけるには，問題文を何度もしっかり読むことが大切です。

しこうカトレーニング こくご㉗ 142ページ

(1)学 (2)森 (3)糸 (4)天 (5)町 (6)赤 (7)耳 (8)竹

28 しを よむ ③ 143ページ

1 (1)はる

アドバイス 「はるの におい」とあります。また，登場するものや様子からも，いつの詩か読み取れるようにしっかり詩の内容を理解させましょう。

(2)おひさま

(3)ウ

(4)れい ぐんぐんのびてきているようす。

(5)つくし・たんぽぽ(順不同)

しこうカトレーニング こくご㉘ 144ページ

(1)森 (2)男 (3)本 (4)早 (5)名 (6)音

29 チャレンジテスト 3 145ページ

1 (1)しばふ

(2)めいさん

(3)手つなぎおに

(4)れい はしのところでつかまってしまった。

2 (1)ざる (2)ぶた (3)ばら (4)ごま

しこうカトレーニング こくご㉙ 146ページ

(1)あ	ず	(2)き
し		り
(3)か	ざ	ん

30 しあげテスト ① 147ページ

1 (1)女・人・立 (2)白・貝 (3)赤・車・見

(4)学校・休 (5)小石・音 (6)森・林・雨

2 (1)大くさん

(2)れい いつもいつも、たいようにてらされているから。

(3)れい 大きい(かたい・くろい・がんじょうな)手

アドバイス 「どうして」と理由を聞かれているときは，「から」や「ので」を見つけるとよいことをアドバイスしましょう。また，「グローブのよう」な手とはどのような手なのか，想像させましょう。

しこうカトレーニング こくご㉚ 148ページ

(1)空 (2)村 (3)気 (4)金 (5)学

31 しあげテスト ② 149ページ

1 (1)イ (2)ア (3)イ (4)ア (5)イ

2 (1)こうえん (2)いらっしゃい (3)おみやげ

(4)がっきゅう (5)こんにちは (6)しゅっぱつ

3 (1)すいすい (2)ドンドン (3)すっかり

(4)さっそく (5)しずかに

アドバイス 「しずかに」は他の文にもあてはまります。一回しか使えないので，一つに特定できるものから考えましょう。

4 (1)キャベツ (2)ヘリコプター (3)チューリップ

(4)チョコレート(チョコ) (5)ロケット

(6)ペンギン

しこうカトレーニング こくご㉛ 150ページ

(1)イ (2)ア (3)ウ

32 しあげテスト ③ 151ページ

1 (1)出る (2)男 (3)大きい (4)左 (5)下 (6)先

2 (わ)たしは、きょう、おかあさんとデパートへいきました。おかあさんは、

(行をかえて)『なにかかってあげるわ。』

(行をかえて)といってくれました。

アドバイス 会話文の最後は，。」の順に書くことに気をつけて正しく身につけさせましょう。

3 (1)カ (2)ウ (3)ア (4)オ (5)イ (6)エ

アドバイス 比較的大きい動物は「頭」，小さい動物は「匹」と数えます。

しこうカトレーニング こくご㉜ 152ページ

(1)オ (2)イ (3)ア (4)カ (5)ウ (6)エ

メモ
MEMO

☆20